KB275080

TAKE OUT
영국·GB·UK

하광용 지음

파람북

추천의 글

'TAKEOUT' 유럽 시리즈와 일본 근대사로 우리에게 세상의 지식을 심어주는 하광용 작가는 지난 시대와 지금 이 시대를 아우르는 세계 문화 콘텐츠의 지식왕이다. 이번에 그가 미스테리한 나라, 의회 민주주의가 일찍이 발달했음에도 왕실을 공개적으로 드러내는 왕정국가, 알수록 신비로운 영국에 관한 새 책으로 독서 여행을 권한다. 궁금하지 않은가?

황주리 | 화가, 동국대 석좌교수

독서보다 악보를 읽는 것이 익숙했던 이 피아니스트에게 강렬한 몰입을 선사한 하광용 작가의 'TAKEOUT' 시리즈는 그 두께를 잊게 한다. 복잡한 음표들과 화성 안에서 숨은 선율을 찾아내듯 작가의 스토리텔링은 그만의 독특한 시각과 호흡의 리듬으로 독자를 인도한다. 작가의 능숙한 스토리텔링 스킬에 홀리듯 따라가다 보면 안다고 말하기 어려웠던 지식의 조각들이 어느새 가지런히 제자리에 완벽한 하모니를 이루고 있다. 이번 영국편은 복잡하게 얽혀 내려온 영국의 긴 역사를 명쾌히 정리해 주며 여러 지역의 흥미로운 이야기를 토대로 테마별 여행을 계획하게 해주는 큐레이터가 되리라 기대된다. 자연스럽게 여행 가방을 챙기게 되는 아름다운 전주곡 같은 한 권이다.

구자은 | 피아니스트, 프렌즈오브뮤직FoM 예술감독

하광용 작가의 글은 탄탄한 취재에 바탕을 둔 즉시성과 역사적 사실에 근거한다. 과거와 현재가 함께 하는 것이다. 그래서 그의 글을 읽다 보면 어느 낯선 곳을 여행하는데 그곳에 사는 토박이를 통해 지나간 이야기를 듣는 듯한 착각에 빠져든다. 30년 넘게 학교 강단이 아닌 광고 현장에서 체득한 그만의 화법인가 보다. 광고는 설득의 예술이 아닌가? 그가 전하는 영국의 역사 문화 이야기가 더욱 정감 있게 다가오는 이유이다.

장유택 | 영국 옥스퍼드대학교 한국 동문회장

영국은 설명이 필요 없는 나라입니다. 아니 설명이 많이 필요한 나라입니다. 일단 일찍부터 민주주의가 고도로 발달된 국가임에도 21세기인 오늘날에도 왕이 군림하는 왕정국가입니다. 군림하나 지배하지 않는 그런 입헌군주제를 채택하는 국가들이 여럿 있지만, 영국은 그들보다 좀 더 적극적으로 보입니다. 국호인 UK(United Kingdom)에도 버젓이 왕국을 표방하고 있으니까요. 국호와 관련된 이름도 꽤나 많고 복잡해보입니다. UK 이외에 잉글랜드, GB, British Empire, Commonwealth, Crown dependencies 등이 있으니까요. 오랜 시간, 여러 시대를 거치며 국가 간, 민족 간 이합집산을 통해 오늘날과 같은 연합 국가를 이뤄서 그렇습니다.

세계사에서의 위치는 독보적이라 할 것입니다. 영국은 세계에서 가장 먼저 선진국이 된 나라입니다. 그 힘으로 국가 크기와 상관없이 때론 바다 건너 대륙을 홀로 상대하기도 했습니다. 영국 대 유럽으로 말입니다. 그런데 그것은 현재에도 진행형입니다. 브렉시트 같은 것이 그 한 예일 것입니다. 그만큼 강한 나라 영국입니다. 부자가 망해도 3대는 간다는 속담은 서양 부자에도 적용되나 봅니다. 그렇다고 영국이 쇠퇴했다는 것은 절대 아닙니다. 세계 최강으로 더 화려했던 시절이 있었다는 것입니다. 무엇보다도 자국의 언어를 세계 공용어로 만든 나라입니다.

영국은 매우 매력적이고 팬시한 나라입니다. 역사, 문명, 문화, 예술, 문학, 학문 등 모든 것이 만개한 나라입니다. 당연히 유럽 여행지로도 최우선으로 꼽히는 나라입니다. 전 어릴 적 가장 가보고 싶은 나라가 영국이었습니다. 어른이 되어서는 결국 이렇게 영국에 대한 책까지 내게 되었습니다. 그간 영국에 대한 많은 관심으로 축적한 내용에, 직접 방문해서 발견한 새로운 내용을 더해 책으로 출간하게 된 것입니다.

《TAKEOUT 영국·GB·UK》는 영국의 역사와 문화를 주제별로 다양하게 에세이식으로 기술한 책입니다. 그래서 일반 역사책이나 문화예술을 다룬 전문 서적과는 다르게 읽힐 것입니다. 일단 시대별로 쓰지 않았습니다. 그래도 이 책을 다 읽고 나면 영국이라는 나라에 대해 어느 정도는 그림이 그려질 것입니다. 막연하게 흩어져 있던 영국에 대한 시간과 공간의 퍼즐이 맞춰지듯이 말입니다. 당연히 중요하다고 생각되는 것, 흥미로운 사실에 집중해서 썼습니다. 물론 저의 기준에서입니다.

《TAKEOUT 영국·GB·UK》는 제가 이전에 출간한 《TAKEOUT 유럽예술문화》, 《TAKEOUT 유럽역사문명》, 《TAKEOUT 일본근대백년》과 같은 아이덴티티의 책입니다. 전공한 학자나 해당 분야의 전문가가 쓴 깊이 있는 책이 아니라는 것입니다. 대학 졸업 후 32년간 광고대행사에서 광고만을 했던 광고인이 쓴 책입니다. 제목에서 유추되듯이 도서관에 앉아 정독하는 책이 아닌 테이크아웃 하듯이 가볍고 쉽게 읽히는 책입니다. 작가인 저의 지적인 한계도 있지만 딱 그 정도의 넓이와 깊이를 다뤘기에 그렇습니다. 자, 이제 영국을 향해 출발합니다. 부디 즐거운 여행 되시기 바랍니다. Takeout!

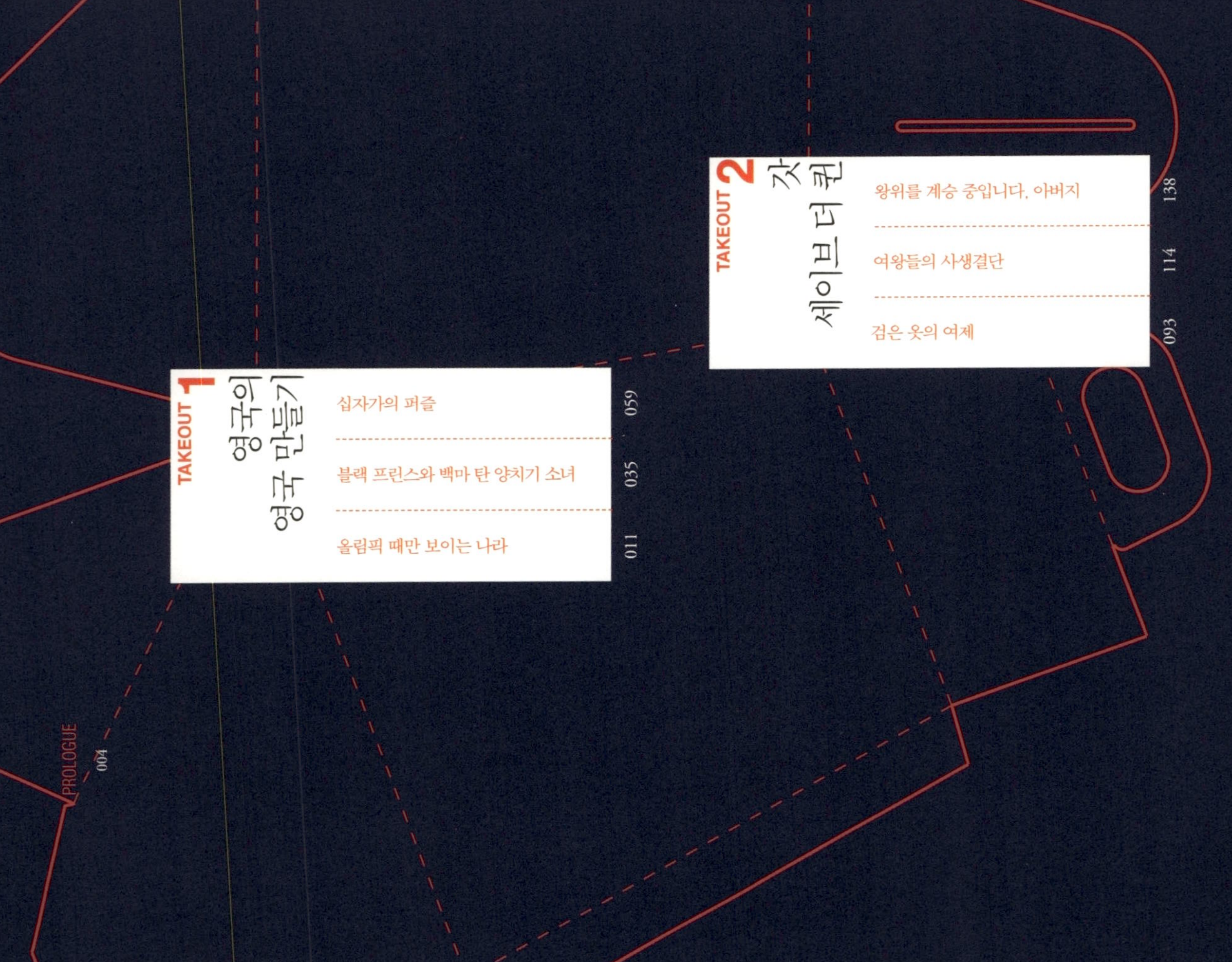

영국의 영국 만들기

홀림폐 빼면 보이는 나라

블랙 프린스와 백마 탄 양치기 소녀

십자가의 퍼즐

영국의 영국 만들기

올림픽 때만 보이는 나라

GB

올림픽 때만 보이는 나라가 있습니다. 그것도 아주 잘 보이는 나라입니다. 그 나라는 2024년 프랑스의 파리가 올림픽을 개최하기 전까지는 유일하게 올림픽을 세 번 개최한 런던을 수도로 둔 나라이니까요. 물론 하계 올림픽만을 말하고 있습니다. 바로 GB라는 나라입니다. GB? 영국입니다. 그런데 영국은 왜 올림픽에서만 유독 이 GB라는 국명을 사용하고 있을까요? 어엿하고 공식적인 UK라는 국호가 있음에도 말입니다. 그리고 이 GB에 더해 GBR, Team GB는 또 무엇일까요? 그 유래와 숨겨진 사연까지 알아봅니다.

만국의 적, 잉글랜드

2024년 유럽의 여름은 그 어느 해보다도 뜨겁게 가고 있었습니다. 지구온난화로 갈수록 올라가는 수은주 때문도 그렇지만 연이은 대형 스포츠 대회들이 뿜어내는 열기로 인해서도 그랬습니다. 당시 우리나라를 비롯한 전 세계 TV 화면을 달구는 파리 올림픽은 7월 26일 개막식부터 8월 11일 폐막식까지 이어졌습니다. 그 올림픽이 열리기 바로 전인 6월 15일부터 7월 15일까지 유럽은 한 달간 축구로 몸살을 앓았습니다. 프랑스 바로 옆 국가인 독일에서 열린 UEFA 유로 2024 대회 때문이었습니다. 그 대회는 월드컵을 주관하는 국제축구연맹(FIFA)이 아니라 유럽축구연맹(UEFA)이 주관하는 대회로 유럽 국가만이 참석할 수 있는 대회입니다. 어쩌면 유럽인들에게 그 대회의 열기는 바로 이어지는 올림픽보다 더 뜨거웠을 것입니다. 그만큼 그들은 축구에 광적인 사람들이니까요.

그들 중 혹자는 유로 대회를 세계 국가 대항전인 월드컵 이상으로 생각하기도 합니다. 거의 모든 국가가 일정 수준 이상의 경기력을 보여주는 유럽 축구를 볼 때 그럴 법하단 생각도 듭니다. 그리고 그런 유럽 축구의 열기와 배타성은 유럽의 지나온 역사 속에서도 연유합니다. 유럽이 오늘날과 같은 국가로 지도 위에 안착되기 전 그들은 타 대륙 대비 좁은 그 땅을 놓고 무수히 많은 전쟁을 치렀는데 지금은 일정 부분 축구가 그 역할을 대리하고 있기에 그렇습니다. 즉, 국가 간 지역 간 전쟁을 막아주는 방패막 역할을 축구가 하고 있다는 것입니다. 그래서 그들은 축구에 목숨을 겁니다.

7월 15일 열린 유로 2024 대회의 결승전은 영국과 스페인의 대전이었습니다. 아니, 영국이 아니고 잉글랜드였습니다. 축구의 강국 간에 붙은 흥미로운 경기였는데 우승컵은 스페인에게 돌아갔습니다. 그런데 이 경기가 열리기 직전 매우 흥미로운 지도가 SNS를 통해 확산되었습니다. 유럽의 국가들이 잉글랜드와 스페인 중 어느 나라를 응원하는지를 보여주는 응원 지도였습니다. 그런데 유럽의 많은 나라들 중 잉글랜드를 응원하는 국가는 자국 하나뿐이었습니다. 그 많은 나라들 중 잉글랜드 편이 하나도 없다는 것이었습니다. 브렉시트의 영향이 있어서 그랬을까요? 아무튼 유럽의 모든 국가가 그 전쟁과도 같은 결전에서

유로 2024 결승전 응원을 위해 독일로 찾아온 '잉글랜드' 팬의 모습 | ©Matti Blume

잉글랜드의 적으로 등장했습니다.

그런데 여기서 놀라운 것은 스페인을
응원하는 나라들 중엔 영국을 구성하
는 스코틀랜드, 웨일스, 북아일랜드
도 들어있다는 것이었습니다. 우리가
부르는 영국이라는 국가엔 잉글랜드
를 포함하여 그 지역들도 한 국가로 되
어있는데 그들이 모두 자국의 구성원
인 잉글랜드보다는 스페인이 이기기

를 원했다는 것입니다. 또는 적어도 잉글랜드가 우승하는 것을
바라지 않았다는 것입니다. 우리로선 갸우뚱할 수밖에 없는 사
실입니다. 물론 이 응원 지도는 정밀한 조사를 통해서 만들어진
것이 아닌 누군가가 만든 일종의 '짤'이지만, 이 사실이 꼭 틀린
것은 아닙니다. 영국이라는 나라는 그런 나라이니까요.

라이언 긱스라는 축구 선수가 있습니다. 그는 영국 프리미어 리
그(EPL)의 최고 구단인 맨체스터 유나이티드의 전성기인 90년
대부터 2015년까지 선수 생활을 한, 그 구단의 전설로 평가받는
선수입니다. 우리 박지성 선수와도 잘 아는 사이일 것입니다. 그

런 선수임에도 그는 유럽 국가 대항전인 위의 유로 무대를 단 한 번도 밟지 못했습니다. 그리고 나아가 월드컵도 한 번도 나가지 못했습니다. 그의 조국이 잉글랜드가 아니라 웨일스이기 때문이었습니다. 웨일스는 상대적으로 전력이 약해 그가 선수 생활 시절엔 본선에 한 번도 진출하지 못했기 때문입니다. 잉글랜드는 인기와 기량이 높은 그를 월드컵에 나가게 하기 위해 귀화를 강력히 종용했습니다. 2007년 엘리자베스 2세 여왕에게서 잉글랜드 축구에 기여한 공로로 훈장까지 받은 그였으니까요.

하지만 그는 끝내 그것을 거절했습니다. 여타 선수들처럼 축구 선수로서 그의 꿈도 유로 대회와 월드컵 무대에 서는 것이었겠지만 그의 조국이 웨일스이기 때문에 잉글랜드를 위해선 뛰지 않겠다고 한 것입니다. 어린 시절 부모의 이혼으로 웨일스 사람인 어머니의 성을 따르고 그 나라를 조국으로 선택한 그였습니다. 그런 그의 신념대로 지조를 끝까지 지킨 것입니다. 그것을 보면 그가 뛴 잉글랜드의 맨체스터 유나이티드는 그에겐 그저 외국의 직장이었을지도 모릅니다. 우리 박지성 선수처럼 말입니다. 그렇게 그는 웨일스의 영웅이 되었습니다. 이상하지요? 영국이라는 한 국가 안에서 귀화를 논하다니요? 더 이상한 것은 그도 올림픽엔 영국 대표로 나갔다는 사실입니다. 계속 이상하지만 이 사실들이 꼭 이상한 것은 아닙니다. 영국이라는 나라는 그런 나라이니까요.

UK, 연합 왕국

주지하듯이 영국의 영어 국가명은 유케이(UK)입니다. 이 UK는 United Kingdom of Great Britain and Northern Ireland의 약어입니다. 세계에서 가장 긴 국호를 가진 나라입니다. 킹덤인 것은 공화국이 아닌 왕이 있는 군주제를 채택하고 있어서입니다. 킹덤을 이끄는 현재 왕은 찰스 3세입니다. 보듯이 4개의 국가 연합인 UK에서 북아일랜드는 별도로 표기되어 있습니다. 국가명에 보이지 않는 잉글랜드, 웨일스, 스코틀랜드는 그레이트브리튼 안에 포함되어 있습니다. 그 나라들이 그레이트브리튼섬 안에 위치하기에 그렇습니다. 고대 로마인들은 이곳을 브리타니아라 부르며 500년 가까이 그들의 속주로 삼았습니다.

유나이티드 킹덤이니 찰스 3세는 이 4개 국가의 통합왕인 것입니다. 우리가 역사 속에서 그들의 전성기였던 시절을 대영제국이라 부르는 것은 국명에 있는 그 그레이트 때문일 것입니다. 사실은 당시 정확한 대영제국의 명칭은 브리티시 엠파이어 British

통상 대영 박물관으로 불리는, 런던에 소재한 The British Museum 정문의 간판 | ©CGP Grey

Empire였는데도 말입니다. 굳이 번역하자면 영국제국이 맞을 것입니다. 일본제국이나 독일제국처럼 말입니다. 우리가 대영 박물관이라 부르는 곳도 사실은 영국 박물관이 맞습니다. 그 박물관 문패엔 브리티시 뮤지엄 The British Museum으로 쓰여있으니까요. 아, 대영제국은 제국의 예를 든 일본제국이나 독일제국과 같은 공식적인 국호가 아닙니다. 시대적인 호칭, 정치적인 국호로 봐야 합니다.

UK에서 북아일랜드를 별도로 표기한 것은 그레이트브리튼섬 안에 포함되어 있지 않고 본토 옆 아일랜드섬의 북쪽 지역에 홀로 떨어져 있어서 그렇습니다. 또한 4개의 구성 국가들 중 가장 나중에 영국에 편입되어서도 따로 명기하고 있을 것입니다. 북아일랜드 남부엔 그 섬의 대다수를 차지하고 있는 영어로는 아일랜드이고 아일랜드어로는 에이레인 국가가 있습니다. 그곳도 한때는 영국이었습니다. 지금은 독립해서 왕정이 아닌 공화제를 채택하고 있습니다.

이렇게 4개 국가의 연합인 UK를 만드는데 주도적인 역할을 한 나라는 잉글랜드였습니다. 잉글랜드가 웨일스, 스코틀랜드, 북아일랜드를 순차적으로 그들 왕국에 복속시켜 연합 왕국인 UK가 된 것입니다. 그 잉글랜드가 한자로 음차된 국가가 우리가 부르는 영국英國입니다. 애초엔 영길리英吉利였습니다. 프랑스를 불란서佛蘭西라고 부르듯이 말입니다. 하지만 지금은 보편적으로 통합 영국인 UK를 영국으로 부르고 있습니다. 그러니 영국은 잉글랜드도 되고 UK도 되는 것입니다. 위에 나온 EPL은 엄밀히는 잉글랜드 프리미어 리그이지만 영국 프리미어 리그라 불러도 문제없다는 것입니다. 아, 위의 대영제국의 예에서도 보듯이 브리튼도 영국이 되겠네요. 참으로 복잡한 영국입니다. 하지만 이것은 시작에 불과합니다. 영국엔 더 많은 영국이 있으니

잉글랜드
웨일스
스코틀랜드
아일랜드 공화국
북아일랜드
맨섬
채널 제도(건지섬, 저지섬)
+ + 그레이트 브리튼, 영국
+ + + + + 브리티시 아일랜즈
+ + + 유나이티드 킹덤, 연합왕국

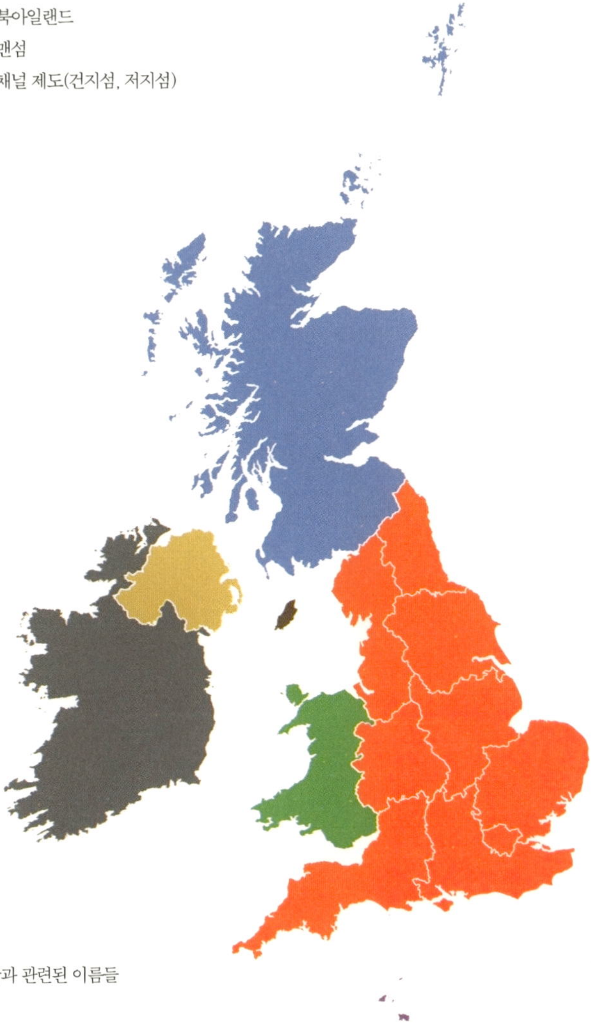

영국과 관련된 이름들

까요. 한때 워낙 큰 부잣집이 시대가 바뀌고 가산이 줄어들면서 재산 정리를 하는 가운데 나타나는 현상들로 봐야 할 것입니다.

UK vs GB

다시 올림픽으로 되돌아갑니다. 올림픽엔 GB라는 나라가 출전합니다. 물론 지난 파리 올림픽에도 출전했습니다. 우리에겐 생소하지만 그 나라의 수도는 이번 파리가 세 번의 올림픽을 개최하기 이전엔 올림픽을 세 번이나 개최한 유일한 도시였습니다. 그 나라는 영국이고 그 도시는 런던입니다. 2012년 런던 올림픽에 이은 2024년 파리, 2028년 로스앤젤레스 올림픽으로 이 세 도시는 올림픽 역사상 세 번을 개최하는 트리오 시티로 등극했습니다. 이것은 영국, 프랑스, 미국이 세계를 움직이는 강대국임을 보여주는 지표이기도 합니다.

GB는 보듯이 Great Britain의 약자로 영국을 가리키는 또 하나의 국가명입니다. 국가 대항전인 올림픽에서 영국은 그들의 공식 국가명인 UK로 출전하지 않고 이렇게 GB라는 이름으로 출전합니다. 영국 선수들의 유니폼엔 그들 국가를 칭하는 GB, GBR, Great Britain, 또는 Team GB가 새겨져 있을 것입니다. Team

올림픽 조정과 카누 경기가 개최된 런던 근처의 도니 호수에서 유니언 잭을 들고 영국팀을 응원
하는 관중들

GB는 영국의 복잡한 국가 사정을 고려한 일종의 마케팅 브랜드
입니다. 1999년부터 사용했습니다. GBR은 영국의 올림픽 국가
코드입니다. 우리나라가 KOR이듯이 말입니다. 그런데 어딜 봐

도 어엿한 국명인 UK는 보이지 않습니다. 왜 영국은 올림픽에서는 UK를 안 쓰고 GB를 사용할까요? 그리고 Team을 붙일 거면 Team UK를 쓰는 것이 온당해 보이는데 왜 그렇게 하지 않을까요?

사실 올림픽을 제외한 통상적인 스포츠 경기에서도 UK가 쓰여 있는 유니폼을 보기란 쉽지 않습니다. 왜냐하면 흥행성 높은 종목의 국제 대회, 특히 구기 대회에서 그들은 UK라는 이름으로는 거의 출전하지 않기 때문입니다. 위의 축구 예에서 보았듯이 영국은 UK이지만 월드컵이든 유로 대회이든 그들은 영국을 구성하는 각각의 국가명으로 출전합니다. 잉글랜드, 웨일스, 스코틀랜드, 북아일랜드로 출전하는 것입니다. 21세기에 특권과도 같은 이상한 사실이지만 최초 시점 각각의 출전을 허용하지 않으면 안 나가겠다고 해서 받아들여졌고 그것이 관례적으로 굳어진 것입니다. 한때 세계를 호령했던 영국의 위세이고 기득권의 힘일 것입니다. 그리고 이것은 영국이라는 국가의 특수성을 주최 측이 받아들인 결과이기도 합니다.

잉글랜드는 월드컵의 경우 축구 종주국의 권위를 내세워 버티다가 4회 대회인 1950년 브라질 월드컵부터 출전을 했습니다.

이때 종주국이라 함은 같은 영국이지만 스코틀랜드와 웨일스, 북 아일랜드는 제외입니다. 그곳에도 각각의 축구협회가 따로 있기 때문입니다. 골프도 마찬가지입니다. 스코틀랜드를 통합한 영국이 골프의 종주국이기에 그렇게 각각의 국가명으로 출전이 허용되고 있는 것입니다. 이것은 미국의 경우 USA로 출전하는 것이 아니라 캘리포니아, 플로리다 주가 각각 출전하는 것과 유사하다고 하겠습니다. 이렇게 종주국이라는 것은 그 경기를 가장 먼저 시작한 점도 있지만 그 게임의 룰을 만들었다는 점에서도 존중되고 있다 하겠습니다.

영국에서 시작된 럭비와 크리켓의 경우에도 축구처럼 4년마다 각각의 월드컵을 개최합니다. 물론 이 경기들 또한 영국은 각각 4개의 국가명으로 따로따로 출전을 합니다. 영연방에 소속된 56개 국가들과 그 종목에 관심 높은 국가들은 그 경기가 열릴 때엔 그 열기가 축구 못지않습니다. 하지만 럭비와 크리켓은 우리에겐 비인기 종목이라 그 세계는 우리가 잘 모릅니다. 제가 과거 광고 현업에 있을 때에 오스트레일리아의 멜버른으로 해외 촬영을 나갈 일이 있었습니다. 그런데 현지 매니저로부터 도저히 호텔 방을 구할 수 없다는 연락을 받았습니다. 멜버른에서 럭비 월드컵이 열리기 때문에 그곳은 난리도 아니라는 것입니다.

Team GB

Team GB를 표방한 2012 런던 올림픽의 휘장

하지만 그때 그 럭비 월드컵 소식은 우리나라 언론에 단 한 줄도 소개되지 않았습니다.

올림픽에서만 등장하는 이름

영국은 올림픽에선 통합 국가명인 GB로 출전합니다. 정확하진 않지만 그것은 근대 올림픽을 개최한 IOC가 1896년 1회 대회

때부터 영국이 4개의 개별 국가명으로 출전하겠다는 것을 허용하지 않아서일 확률이 높습니다. 아마추어리즘을 표방한 올림픽은 어디까지나 국가 대항전이니까요. 더구나 그 올림픽을 만든 사람은 영국과 영원한 라이벌 국가인 프랑스의 쿠베르탱 남작이었으니까요. 그의 눈에 기존 스포츠 대회에서 보여준 영국의 그런 입장은 꽤나 눈꼴사나웠을 것입니다. 그래도 영국이 왜 UK가 아닌 GB라는 국가명으로 출전하는가는 숙제는 남습니다. 그 자체로도 이상하지만 국가명에서 보듯이 GB는 지역적인 섬을 가리키기에 그 안에는 북아일랜드는 포함되지 않는데 말입니다. 그것은 영국의 역사성과 전통이라는 측면에 기인합니다.

각 나라엔 올림픽을 주관하는 협회가 있습니다. 국제올림픽을 주관하는 IOC 산하의 체육 단체들입니다 우리나라의 경우는 대한체육회(KSOC Korean Sport & Olympic Committee)가 그 일을 겸하고 있습니다. 영국엔 영국올림픽협회(BOA British Olympic Association)가 있습니다. 이 협회는 1905년에 발족했습니다. 그리고 올림픽 출전 시 국가 코드로 GBR을 선택했습니다. 최초부터 UK를 배제하고 GB를 사용한 것입니다. 그 GB 안에 북아일랜드는 빠져있습니다. 북아일랜드의 첫 글자인 N이 들어가 GBN이었다면 모를까요. 그래서 북아일랜드는 1999년 BOA가 Team GB를 만들 때에도 Team UK로 해야 되는 것 아니냐고 했지만 그것은 관철되지 않았습니다. BOA 입장에서 볼 때 그럴 경우 또 다른 문제가 생기기 때문이었습니다.

현재 영국은 올림픽 출전 시 UK의 구성국은 물론 왕실령Crown depen dencies과 해외 영토의 선수들까지 관장하여 출전시키고 있습니다. 영국의 왕실령인 건지섬, 저지섬, 맨섬 등 3개 지역과 해외 영토인 지브롤터, 포클랜드제도, 세인트헬레나섬 등까지 영국올림픽협회인 BOA가 관장하고 있는 것입니다. 그런데 이들 중 왕실령은 잉글랜드, 웨일스, 스코틀랜드, 북아일랜드로 구성된 UK에는 포함되지 않는 단독 국가들입니다. 영국 왕이 군주라서 국방과 외교만을 영국이 담당하고 있습니다. 그래서 Team UK로 하면 이들 왕실령 국가들은 배제되어야 하기 때문에 과거 대영제국부터 사용되어온 국명인 GB에서 비롯된 Team GB를 고수하는 것입니다.

또한 올림픽의 GB는 영국올림픽협회가 설립된 1905년 시점엔 아일랜드가 독립 투쟁을 하고 있어서 그 결과를 예단하기 어려워 아예 아일랜드를 배제한 것일 수도 있습니다. 아일랜드는 1921년 자유국이 되었습니다. 그리고 당시에도 UK로도 불렸지만 UK가 영국의 공식적으로 국호가 된 것이 1927년이기에 GB를 올림픽 국가명과 코드명으로 정한 것일 수도 있습니다. 이래저래 복잡한 영국의 올림픽 국호입니다. 그래도 북아일랜드가 영국 영토로 확정이 됐으면 UK로 교체해야 하는데 과거의 GB를 유지하는 것은 위와 같은 왕실령 이유도 있지만 올드와 트래디션을 중시하는 영국인의 습성에서도 기인할 것입니다.

GB가 좋아, IE가 좋아?

그래서 북아일랜드 선수들은 올림픽에서 출전 국가를 자유롭게 선택할 수 있습니다. UK는 아니지만 영국 본국으로 사용되는 GB란 나라로 출전할 수도 있고, 그들이 사는 지역의 본래 주인인 아일랜드(IE)란 국적으로도 출전할 수 있는 것입니다. 실제로 북아일랜드인들에겐 2개의 시민권이 주어집니다. UK와 아일랜드 시민권을 다 가지고 사는 것입니다. 그래서 아마도 본토인 잉글랜드에서 건너가 성공회를 믿는 후손들은 영국 국적인 GB를 선택하고, 카톨릭을 믿는 본래 아일랜드인의 후손들은 아일랜드 국적을 선택할 확률이 높을 것입니다. 아일랜드와 영국, 아일랜드와 북아일랜드는 역사적으로 종교와 크게 관련이 있으니까요.

이렇게 북아일랜드 선수들에게 국가를 선택할 수 있는 재량권을 준 것은 아일랜드의 헌법에서도 기인합니다. 1999년까지 아일랜드의 헌법 2조에는 "아일랜드의 영토는 아일랜드섬 전체와 그 부속도서 및 해역으로 간주한다"라고 명시되어 있었습니다. 1921년 영국에서 독립하며 북아일랜드는 영국으로 넘어갔지만 아일랜드는 그곳까지 그들의 영토로 규정한 것입니다. 그에 준해 그 이전 아일랜드 공화국군(IRA)은 영국을 상대로 무장 투쟁을 한 것입니다. 그들 입장에선 영국이 그들의 영토 북쪽을 무단으로 점거하고 있다고 생각한 것입니다. 이것은 현재 지역적으로 북한까지를 대한민국 영토로 정의하고 있는 우리나라 헌법과도 같은 케이스라 하겠습니다.

하지만 1998년 벨파스트 협정을 통해 아일랜드의 헌법에서 영토에 대한 이 조항은 사라지고 대신 3조에 "아일랜드의 통일이 민족의 확고한 의지임을 선언하되 통일은 아일랜드 전체 주민의 동의를 거쳐 평화적인 방법을 통해 이루어질 수 있다"라고 명시하였습니다. 즉, 현재는 영국 영토로 되어있는 북아일랜드이지만 모든 주민이 원한다면 다시 하나의 아일랜드로 과거처럼 돌아갈 수 있다는 것입니다. 평화적인 방법이라는 측면에서 이 또한 우리나라가 생각하는 통일 방안과 비슷한 방향일 것입

연합법 통과를 보고받는 앤 여왕(1707)

니다. 이런 연유로 인해 북아일랜드 선수들은 올림픽 출전 시 그들 지역이 빠진 영국인 GB와 같은 지역인 아일랜드 중 원하는 국가를 선택하여 출전할 수 있는 것입니다. 골프가 올림픽 종목이 되면서 영국 북아일랜드의 골프 영웅인 로리 매킬로이는 도쿄와 파리 올림픽에 출전했는데 그는 두 번 모두 영국인 GB가 아니라 아일랜드의 대표 선수로 출전을 하였습니다. 이것은 그와 그의 조상이 GB에서 건너간 개신교도가 아닌 본래 아일랜드에서 살아온 카톨릭교도임을 유추할 수 있게 하는 대목입니다.

런던올림픽 한국팀과의 4강전 경기에서 승부차기를 지켜보는 영국 선수들. 오른쪽에서 네 번째
가 라이언 긱스

여전히 정복자 잉글랜드?

잉글랜드는 13세기 말 에드워드 1세 때 정복한 웨일스를 1542

년 완전히 복속시켰습니다. 6번의 결혼으로 잘 알려진 헨리 8세

의 업적입니다. 그래서 웨일스는 진작부터 잉글랜드의 영토 안에 들어가 있었습니다. 스코틀랜드는 1707년 잉글랜드의 앤 여왕 시절 양국의 필요에 의해 연합법 Acts of Union 을 발효시켜 통합을 하였습니다. 그레이트브리튼(GB) 왕국의 시작입니다. 그리고 북아일랜드는 1921년 아일랜드가 독립하면서 주민 투표를 통해 UK에 편입되었습니다. 스코틀랜드나 북아일랜드가 웨일스와는 달리 분리 독립을 논의할 수 있는 것은 잉글랜드가 정복한 것이 아니라 양자의 합의에 의해 통합이 되었기 때문입니다. 어느 한쪽의 이익이 확실하게 크거나, 불이익을 받고 있다고 생각한다면 다면 다시 분리될 소지가 있는 것입니다.

이런 연유들로 위의 유로 2024 축구대회에서 스코틀랜드와 북아일랜드는 잉글랜드보다는 스페인을 응원한 것입니다. 합의였지만 그 이전부터 감행되어 온 침략과 괴롭힘의 결과로 이루어진 결과였기에 그렇습니다. 웨일스는 잉글랜드의 침략으로 완전 병합이 되어서 분리를 논하기는 힘들지만 위의 라이언 긱스의 예에서 보았듯이 민족 감정이 지금도 남아있는 것입니다. 그들 입장에서 잉글랜드는 정복국이었으니까요. 영국엔 웨일스와 유사한 민족 감정을 가진 콘월이라 불리는 제5의 나라 아닌 나라도 하나 더 있습니다.

잉글랜드의 유니폼을 입고 월드컵이나 유로 대회의 출전을 거부했던 웨일스의 라이언 긱스는 평생 꿈이었던 국제 대회에 드디어 출전하게 됩니다. 그의 나이 39세가 되던 2012년 런던 올림픽 때였습니다. 올림픽에선 잉글랜드가 아니라 GB라는 통합 영국 대표로 출전하기에 Team GB의 일원으로 출전을 영예롭게 받아들이고 주장 완장까지 찬 것입니다. 그동안 잉글랜드라는 이름으로 출전을 거부했던 그였지만 GB 안엔 그의 조국 웨일스도 포함되기 때문이었습니다. 그때 개최지인 런던은 그에겐 잉글랜드의 수도가 아니라 GB의 수도로 보였을 것입니다. 당시 그 대회엔 잉글랜드의 축구 영웅인 데이비드 베컴도 강력하게 출전을 희망했으나 체력 문제로 출전이 좌절되었습니다. 라이언 긱스보다 2살 어린 그였는데 말입니다. 웨일스인들은 그런 라이언 긱스를 통해 자부심을 느꼈을 것입니다. 당시 스코틀랜드와 북아일랜드의 축구팀은 그 GB 축구팀에 합류하지 않았습니다.

영국올림픽협회(BOA)는 올림픽에 GB라는 이름으로 출전하며 뭔가 부족함을 느껴 1999년 늦게나마 Team GB라는 올림픽용 국가 브랜드를 개발했을 것입니다. GB 안엔 공식 국명인 UK의 통합 아이덴티티가 빠져있다고 생각한 것입니다. 그런 GB에

Team이라는 단어를 넣음으로써 통합이 강조되었습니다. 4개의 국가이지만 올림픽에서 Team GB로 원 팀 스피릿을 노린 것입니다. 그래도 북아일랜드는 여전히 난망해 보입니다.

블랙 프린스와 백마 탄 양치기 소녀

백년전쟁

백년전쟁은 영국과 프랑스가 말 그대로 100년 동안 벌인 전쟁입니다. 정확히 116년(1337~1453)입니다. 물론 그 기간 동안 매일 싸우지는 않았을 것입니다. 그런데 영국과 프랑스는 왜 그렇게 오래 죽자살자하고 싸웠을까요? 결과적으로 백년전쟁은 무엇을 얻어내기 위한 전쟁이라기보다는 오히려 빼내버린 전쟁이 되어버렸습니다. 영국은 영국에서 프랑스를 떼어냈고 프랑스는 프랑스에서 영국을 떼어냈습니다. 기브앤테이크 식의 교집합이 있던 그 부분을 분리해 각각 따로 독립한 것입니다. 아마 그때부터 영국 상류사회에서 프랑스어는 들리지 않게 되었을 것입니다. 그리고 이후 양국은 유럽을 대표하는 양대 라이벌 관계로 각각 발전해 나갔습니다. 중세가 저물고 근대가 밝았습니다.

아주아주 긴 전쟁

오늘날 영국과 프랑스는 영국해협을 사이에 두고 섬과 대륙으로 완벽히 갈라서 있습니다. 느낌적으로는 비슷한 위도로 좌우에 있을 것만 같은 두 나라이지만 실제로는 그 해협을 경계로 남북으로 위치해 있습니다. 그 해협의 최단 거리가 우리에게 익숙한 도버해협입니다. 영국의 도버와 프랑스의 칼레까지 34km에 이르는 바다입니다. 그런 두 나라의 위치로 우크라이나와 러시아 전쟁 발발 이전 우리나라에서 비행시간은 런던이 파리보다 덜 걸렸습니다. 시베리아 항로를 이용했기 때문에 위도가 높은 런던이 파리보다 가까웠던 것입니다. 위도상으로는 런던이 북위 51.5도, 파리 48.5도로 3도 정도 차이가 납니다. 지구가 둥글다는 것은 이렇게 간단히 증명이 됩니다. 현재는 중국, 카자흐스탄, 튀르키예 영공을 통과하기에 그때보다 2시간가량 늘어나

14시간 이상 소요됩니다. 전쟁이 빨리 끝나야 하는 이유는 이렇게나 다양합니다.

백년전쟁은 인류 역사상 가장 긴 전쟁 중의 하나입니다. 그것을 비슷하나마 능가하는 전쟁으로는 고대 로마와 카르타고 간에 벌인 포에니전쟁이 있습니다. 그 전쟁은 120년간(BC 264~146) 진행되었습니다. 아, 공식적으로는 2천년 넘게 지속되었습니다. 1985년이 돼서야 로마제국의 후예인 이탈리아의 로마 시장과 지금은 튀니지가 된 옛 카르타고의 수도 튀니스의 시장이 만나서 포에니전쟁의 종전을 선언했으니까요.

백년전쟁과 포에니전쟁은 전쟁의 양태도 비슷했습니다. 두 전쟁 모두 전황에 따라 통상 1차, 2차, 3차로 구분합니다. 3차 전쟁에서 최종 결판이 났다는 것입니다. 포에니전쟁에서 우리에게 익숙한 한니발은 2차전의 영웅으로 등장합니다. 아마 역사상 전쟁 영웅들 중에서, 그리고 최종은 진 패장임에도 그처럼 유명세를 누리고 있는 인물은 없을 것입니다. 백년전쟁에서 그에 견줄만한 인물로는 잔다르크가 있습니다. 그녀는 그 긴 전쟁을 끝낸 3차 전쟁의 영웅입니다. 그래서 그 전쟁에서 그녀가 출현하기까지는 무려 92년을 기다려야 합니다. 대역전의 서전

오를레앙에 입성하는 잔다르크 | 장자크 셰레 | 1887

인 1429년 오를레앙 전투에 그녀는 화려하게 데뷔하였습니다. 그로부터 595년 후에 벌어진 2024년 파리올림픽 개막식에서 번쩍이는 갑옷에 하얀 말을 타고 달려온 것처럼 잔다르크는 그때 같은 모습으로 오를레앙을 향해 달려갔습니다. 그리고 그 전투뿐만이 아니라 프랑스 전체를 구한 구국의 영웅이 되었습니다.

얽히고설킨 왕가들

백년전쟁은 표면적으로는 왕위 계승을 다툰 전쟁입니다. 잉글랜드의 에드워드 3세가 프랑스의 왕위를 주장해서 1차 전쟁을 시작했고, 백여 년이 지나서도 헨리 5세가 프랑스의 왕위를 주장해서 3차까지 간 전쟁입니다. 그것엔 이렇게 정치적인 이유도 있지만 경제적인 이익 다툼도 개입되었습니다. 오늘날 벨기에가 된 플랑드르 지방의 양모업과 프랑스 남서부 가스코뉴 지방의 보르도 와인을 차지하기 위한 쟁탈전도 전쟁의 중요한 이유가 되었기 때문입니다. 그래서 개전 시 에드워드 3세는 이 두 지역의 양모업자와 양조업자들을 끌어모아 전투를 치렀습니다. 물론 여느 전쟁과 마찬가지로 땅따먹기는 전쟁의 당연한 이슈일 것입니다. 그리고 결과적으로는 그것이 가장 두드러지게 정리가 되었습니다. 영국해협을 사이에 두고 영국 땅, 프랑스 땅이

백년전쟁의 시작, 잉글랜드의 에드워드 3세(1312~1377)

99.9프로 정리가 된 것입니다. 오늘날 우리가 보고 있는 영국과 프랑스의 국경선이 그때 그어졌습니다. 이 글에서 영국과 잉글랜드는 거의 동일시되고 있습니다.

1066년 정복왕 윌리엄 1세가 바다 건너 영국을 침공해 노르만 왕가를 개창한 후부터 영국과 프랑스의 영토는 혼란스러워졌습니다. 두 나라의 관계가 묘했기 때문입니다. 왜냐하면 윌리엄 1세는 그 당시 노르망디 공국의 공작으로 프랑스 왕의 신하이기도 했기 때문입니다. 그 얘기는 역으로 잉글랜드의 왕은 대륙인 프랑스에 그의 영토도 있었다는 것입니다. 공국은 왕에게 충성을 맹세한 공작이 다스리는 나라입니다. 즉, 강국인 프랑스의 왕은 영국 왕을 자국의 공작 정도로 취급하고 있었습니다. 당시 영국의 상류사회에서 프랑스어를 쓰고 예법을 따른 것은 이런 연유에서입니다. 이후 영국 왕들은 프랑스 공주와 대를 이어 결혼하며 프랑스 내 영토를 늘려갔습니다. 중세 유럽의 국가 지형이라는 것이 결혼하면 지참금으로 영지를 가지고 가기에 그렇습니다. 그렇게 신하 국가 영국의 대륙 영토는 점점 늘어만 갔습니다. 반면에 시간이 흐를수록 프랑스 왕에 대한 영국 왕의 충성도는 점점 희석되어만 갔습니다. 그것은 인지상정일 것입니다. 그 와중에 프랑스의 샤를 4세가 1328년 후사 없이 죽으면서 문제가 발생한 것입니다.

프랑스 공주에서 잉글랜드 왕비가 된 이사벨라는 자기 아들인 에드워드 3세의 왕위 계승을 주장했습니다. 하지만 그 왕권은 샤를 4세의 4촌인 필립 6세에게 갔습니다. 카페 왕조의 끝이고 발루아조의 시작입니다. 당시 잉글랜드와 독립전쟁을 벌이던 스코틀랜드는 전통적으로 프랑스와 친하게 지내왔습니다. 강국인 잉글랜드를 상대하려니까 동맹국이 필요했던 것입니다. 그것은 영국(UK)의 일원이 된 오늘날까지도 마찬가지입니다. 그래서 월드컵에서 잉글랜드와 프랑스가 붙으면 스코티시는 프랑스를 응원하곤 합니다. 영화 〈브레이브 하트〉로 유명한 독립 영웅인 윌리엄 월레스(1270~1305)가 죽은지 얼마 안 된 시기입니다.

결국 에드워드 3세는 1357년 스코틀랜드의 독립에 서명을 했습니다. 그의 할아버지, 아버지인 에드워드 1세, 2세를 거치며 3대에 걸쳐 이어온 전쟁이었는데 그의 대에서 독립을 허용한 것입니다. 하지만 잉글랜드가 전력이 약해져서 스코틀랜드를 포기한 것은 아니었습니다. 프랑스에 위와 같은 왕위 계승 이슈가 생겼고, 그 와중에 새 왕인 필립 6세가 역시나 스코틀랜드의 독립운동을 지원해 전선을 바꾼 것입니다. 왕위 계승 문제로 가뜩이나 미워 보인 필립 6세였는데 더 미운 짓을 하니 이제 영국과 프랑스는 루비콘강을 건너갔습니다. 잉글랜드 입장에선 두 국가와 전쟁을 벌이기엔 소모가 크기에 지긋지긋한 스코틀랜드를 떼어내고 더 큰 먹거리인 프랑스를 선택한 것입니다. 영국과 프랑스의 숙명의 일전, 1337년 백년전쟁의 시작입니다. 플랜태저넷 왕가와 발루아 왕가의 싸움입니다.

기선 제압, 흑태자

영국해협을 건넌 에드워드 3세의 영국군은 승승장구를 했습니다. 참전 인원은 대국인 프랑스보다는 적었지만 장궁이라는 신무기가 효과를 발휘했습니다. 또한 위에서 언급한 플랑드르와 보르도의 가스코뉴 등 대륙의 연합군들이 영국 편에서 함께 싸웠기 때문입니다. 그곳의 양모업자와 양조업자들은 영국에 붙는 것이 더 이익이 커서 그랬을 것입니다. 플랑드르 입장에서 영국은 드넓은 초원에서 자란 양들이 제공하는 양모의 훌륭한 공급처이고, 가스코뉴 입장에선 영국인들이 워낙 보르도 와인을 좋아했기에 영국은 커다란 수요처였습니다. 오죽했으면 백년전쟁이 끝난 후 프랑스는 보르도 와인의 영국 수출을 중지시켰습니다. 그래서 영국인들이 대안으로 찾은 공급처가 포르투갈이었습니다. 포르투의 도루강변에서 만들어지는 포르투 와인을 대안으로 수입한 것입니다. 포르투 와인의 도수가 일반 와인보다 높은 것은 당시 거리가 먼 영국까지 운송 중 상하지 말라고 와인에 독한 브랜디를 섞었기 때문입니다. 그 레시피가 오늘날까지도 포르투 와인에 적용되고 있는 것입니다.

백년전쟁에선 주로 잉글리시맨이 등장합니다. 프렌치보다 그들의 활약이 두드러졌기 때문입니다. 그런 명장들의 활약으로 전쟁 중 프랑스의 영토가 가장 쪼그라들었을 때엔 거의 절반 정도밖에 남지 않았습니다. 에드워드 3세 다음으로 등장하는 주요 잉글리시맨은 그의 아들로 흑태자라 불린 에드워드입니다. 그는 백년전쟁 초기 가장 크고 중요한 전투로 꼽히는 크레시 전투(1346)의 일등공신이었습니다. 그래서 그 블랙 프린스는 오늘날까지 영국인들에게 매우 인기가 높습니다. 유난히 흰 피부에 갑옷도 그렇고 검은 옷만 입어서 그렇게 불리고 있습니다. 기록마다 다르긴 하지만 그는 무려 8배나 많은 프랑스군을 크레시 전투에서 물리쳤습니다.

아버지인 에드워드 3세의 기쁨이 가장 컸을 것입니다. 차기 왕으로서 손색없는 아들로 보였을 테니까요. 하지만 그 잘난 아들은 왕이 되지 못했습니다. 아버지인 에드워드 3세가 너무 오래 왕을 했기 때문입니다. 50년 동안 왕위를 지킨 아버지보다 그는 1년 먼저인 45세에 죽었습니다. 그리고 그의 아들인 리처드 2세가 즉위했습니다. 우리 역사의 영정조를 생각나게 하는 대목입니다. 물론 영조의 아들 사도세자는 아버지에게 기쁨을 주지 못했습니다. 흑태자는 이후 푸아티에 전투(1356)에서 프랑스의 왕인 장 2세를 생포해 영국으로 압송하기까지 했습니다. 그리고

잉글랜드의 에드워드 흑태자(1330~1376) | 벤자민 버넬 | 1820년경

당시 관례대로 그의 석방 조건으로 높은 몸값을 요구했습니다.
하지만 그것이 프랑스 귀족들에 의해 거부되어 장 2세는 런던의

사보이궁에서 죽을 때까지 살았습니다. 그 정도로 긴 백년전쟁
이었습니다.

로댕의 명작 〈칼레의 시민〉은 이 시기의 역사적 사실을 소재로
제작되었습니다. 크레시 전투의 다음 전투(1347)지가 바로 칼
레였습니다. 에드워드 3세는 칼레 성을 포위하고 그들의 항복을
기다렸습니다. 시민들은 1년간 성에서 나오지 못해 아사 직전
에 이르렀습니다. 그들은 왕인 필립 6세에게 구원을 요청했으나
그는 요지부동이었습니다. 결국 그들은 잉글랜드에 항복했습니
다. 에드워드 3세의 항복 조건은 시민 대표 6명의 희생이었습니
다. 그렇게 해서 나온 시민들이 로댕에 의해 조각으로 환생한 것
입니다. 하지만 그들의 용기와 희생정신은 남은 칼레 시민은 물
론 그들 자신들도 살렸습니다. 그곳에 와 있던 에드워드 3세의
부인인 필리파 왕비의 간청으로 처형을 면했기 때문입니다.

승리가 목전에, 헨리 5세

백년전쟁 동안 영국은 5명의 왕이 대를 이으며 지휘를 하였습니
다. 그들 중 전쟁 후반기에 활약이 두드러진 왕으로 헨리 5세가
있습니다. 그는 초기의 에드워드 3세처럼 프랑스에 왕위권을 주

프랑스의 왕위계승권을 확보한 잉글랜드의 헨리 5세(1386~1442)

장했습니다. 그리고 그것이 관철되지 않자 군대와 함께 영국해
협을 건넜습니다. 식어있던 전장을 다시 뜨겁게 달군 것입니다.
당시 프랑스는 내분에 휩싸여 있었습니다. 루이 왕세자를 옹호
하는 세력, 외척인 부르고뉴 공작을 따르는 세력, 그리고 겹사돈
인 아르마냐 백작을 따르는 세력 등이 그들이었습니다. 조국이
백척간두에 섰는데 이러고들 있으니 프랑스가 영국을 이길 턱
이 없던 것이었습니다. 116년 전쟁 기간 동안 프랑스가 영국의

본토에 상륙한 적은 단 한 번도 없었습니다. 전투는 오직 오늘날 프랑스 땅에서만 일어났습니다.

헨리 5세가 이룬 대승은 아쟁쿠르 전투(1415)입니다. 전쟁 전반 흑태자가 이룬 크레시 전투와도 같은 대승이었습니다. 역시나 전쟁에서 숫자는 숫자에 불과했습니다. 프랑스군은 대국답게 언제나 숫자에선 영국군을 앞섰습니다. 아쟁쿠르에서도 영국군은 6천 명 정도였고 프랑스군은 최소 5배 이상이었습니다. 이번에도 무기와 지형을 이용한 전술이 승리를 만들었습니다. 거기엔 정신력도 일조를 하였습니다. 헨리 5세가 전투 전 병사들의 정신력을 고양시키기 위해 멋진 연설을 했으니까요. 아쟁쿠르 전투의 그 연설은 역사상 유명한 명연설로 꼽힙니다. 185년 후인 1600년에 쓰인 셰익스피어의 희곡 〈헨리 5세〉에도 등장하는 그 연설은 "우리는 적다. 적은 우리는 행복하다. 우리는 한 형제들이기 때문이다 We few, we happy few, we band of brothers."로 대표됩니다. 넷플릭스의 영화 〈더 킹 헨리 5세〉엔 그 전투가 자세히 묘사되어 나옵니다.

아쟁쿠르 전투 승리 후 협상석엔 샤를 6세를 대신해 카트린 공주가 나왔습니다. 헨리 5세의 눈이 반짝였습니다. 그리고 그녀

헨리 5세가 이끈 잉글랜드의 대승, 1415년의 아쟁쿠르 전투 | 존 길버트 | 1884

는 바로 그의 왕비가 되었습니다. 전쟁에서 꽃핀 아름다운 사랑입니다. 프랑스 입장에선 샤를 6세가 그때 정신병 걸린 것이 다행일 정도로 카트린 공주는 최상의 협상 카드가 되었습니다. 하지만 영국은 그 협상으로 헨리 5세가 프랑스를 섭정하고 샤를 6세가 죽으면 프랑스 왕위를 계승한다는 소득까지 올렸습니다. 1420년에 맺은 트루아 조약입니다. 이렇게 백년전쟁은 영국의 승리로 끝나고 프랑스는 영국의 왕이 다스리게 되는 듯했습니다. 하지만 헨리 5세가 바로 죽었습니다. 대업이 완수되는 순간 36세의 젊은 나이로 병사한 것입니다. 그의 아들은 불과 1살도

잔다르크의 도움으로 백년전쟁을 끝낸 왕으로 기록된 프랑스의 샤를 7세(1403~1461)

되지 않았기에 영국은 공작들의 어지러운 섭정이 이어졌습니다. 그 사이 프랑스의 샤를 6세도 죽고 샤를 7세가 왕위에 올랐습니다. 그리고 드디어 프랑스에서도 한 영웅이 나타났습니다. 백년전쟁의 최고 스타가 등장한 것입니다.

대역전, 잔다르크

백년전쟁에서 17세로 추정된 어린 소녀 잔다르크의 등장은 갸우뚱할 정도로 드라마틱합니다. 현실이 아닌 소설과도 같은 대역전승을 거두려면 그러한 스토리밖에 없을 정도로 그녀는 종교적으로 등장하고, 전설처럼 싸우다가, 신화처럼 생을 마감했습니다. 성녀로 나타나, 불세출의 기사로 싸우다가, 마녀로 죽었지만 또 성녀가 되어 영원불멸한 존재가 된 것입니다. 로렌 지방의 신앙심 깊은 시골 소녀가 어느 날 천사의 계시로 프랑스를 구하라는 계시를 받고 실제로 그 모든 것을 이루어냈습니다. 그녀가 사망한 19세까지 불과 2년 동안 일어난 일들이었습니다. 하지만 그것은 백년전쟁의 그 100년 동안 그 어떤 왕후장상들도 해내지 못한 일들이었습니다. 전쟁 내내 열세로 국토의 대부분을 영국에게 내준 프랑스에게 승리를 안겨주고, 오히려 더 영토를 확장해서 전쟁을 끝냈으니까요. 소설이 아니고 분명한 역사입니다.

잔다르크의 일생은 기독교적인 체험과 기적의 여정이었습니다. 예수 그리스도의 삶과 비슷해 보입니다. 어느 날 처녀인 성모 마리아 앞에 나타난 가브리엘 천사는 선택받은 그녀가 임신을 한다는 수태고지를 했습니다. 역시 처녀인 잔다르크 앞에 나타난 미카엘 천사는 선택받은 그녀가 프랑스를 구하게 된다는 것을 고지했습니다. 예수는 작업장에서 아버지의 목수일을 30세까지 도와서 했습니다. 잔다르크는 양과 소를 치며 17세까지 아버지의 일을 도왔습니다. 예수는 3년간 공생애를 살며 하느님의 말씀을 전했지만 그가 메시아가 아니라고 주장하는 적들에게 몰려 십자가형을 당했습니다. 잔다르크는 2년 만에 프랑스를 구했지만 그가 성녀가 아니라고 주장하는 적들에게 몰려 화형을 당했습니다. 예수가 유다에 의해 은 30냥에 넘겨진 것처럼 잔다르크는 부르고뉴 공작에 의해 1만 프랑에 넘겨졌습니다. 물론 잉글랜드에게입니다. 지금은 와인으로 유명한 프랑스의 부르고뉴이지만 당시는 독립 공국으로 그들은 잉글랜드 편에 섰습니다. 예수는 사후 부활을 하여 영원불멸한 기독교의 성자가 되었고 잔다르크는 사후 명예가 회복되어 카톨릭의 성녀로 시성되었습니다.

잔다르크가 계시를 받았다고는 하나 아버지조차 딸의 말을 믿을 수 없었습니다. 하지만 그녀의 진지함과 영험함은 점차로 많은 사람들을 믿게 해 그녀는 계시대로 샤를 7세를 알현하게 되었습니다. 그리고 기사로 임명되었습니다. 번쩍이는 갑옷에 백마를 탄 남장 기사가 된 것입니다. 그녀가 찬 칼은 전설 속에서 주인을 기다려온 아더왕의 엑스칼리버처럼 그녀가 천사의 계시로 찾아낸 명검이었습니다. 그녀의 하얀 깃발엔 하느님의 형상과 예수 그리스도와 성모 마리아가 새겨져 있었습니다. 이런 모습으로 그녀는 첫 전투지인 오를레앙 전투에 나타났습니다. 구국의 전사로 변신한 성녀가 프랑스를 구하러 온다는 예언의 실현, 프랑스군은 사기가 하늘을 찔렀고, 반면에 영국군은 사기가 땅에 떨어졌습니다. 이렇게 오를레앙에서 승리했고 이후 파테를 비롯한 루아르 등에서 잔다르크는 승리를 이어갔습니다. 전세가 뒤집힌 것입니다. 하느님의 뜻이 잔다르크가 있는 프랑스에 있던 것이었습니다.

잔다르크가 미카엘 천사에게 받은 계시엔 샤를 7세를 랭스 대성당으로 데리고 가서 즉위식을 올리는 것도 포함되어 있었습니다. 그때까지도 샤를 7세는 왕이지만 즉위식을 올리지 않았기 때문입니다. 잔다르크는 결국 그 일도 해내었습니다. 랭스까지 그를 호위한 것입니다. 거기까지였습니다. 즉위식을 올린 왕은 잔다르크가 부담스러워지기 시작했습니다. 그녀의 인기와 그녀를 기적과도 같이 둘러싼 기독교가 왕권보다 커지는 것을 경계했기 때문입니다. 그렇게 그녀의 반대 세력이 싹트면서 그들은 그녀를 마녀로 몰고 가기 시작했습니다. 결국 샤를 7세의 지원

잔다르크의 미션, 샤를 7세의 대관식(파리 판테옹) | 쥘쾨젠 르네뵈 | 1880년대

을 못 받은 그녀는 콩피에뉴 전투(1430)에서 부르고뉴파에게 포로로 잡혔고 잉글랜드에 넘겨졌습니다. 그리고 잉글랜드 영지인 루앙에서 잉글랜드파 주교에 의한 종교 재판이 진행되었습니다. 그 재판은 신의 계시와 성녀라는 측면에서 교황청도 대단한 관심을 보였습니다. 결국 그녀는 1431년 19세의 꽃다운 나이에 화형을 당했습니다. 재판 과정에서 그녀는 문맹이라 내용도 모르고 무조건 서명을 했습니다. 그것이 하느님의 뜻이라고 생각했을 것입니다. 역시나 샤를 7세는 끝까지 나 몰라라 했습니다. 나쁜 왕이고 나쁜 남자입니다.

잔다르크의 반대 세력들은 별것을 다 문제 삼았습니다. 그녀의 번쩍거리는 갑옷과 안장이 너무 사치스럽다는 등 여자이기에 걸 수 있는 별 시답지 않은 시비도 건 것입니다. 반면에 종교재판에선 기사로서 남장을 한 그녀를 동성애자로 몰기도 했습니다. 심문 내용 중엔 계시를 줬다는 미카엘 천사는 털이 있느냐 없냐, 영어로 말했냐 프랑스어로 말했냐 등의 내용도 있습니다. 그렇게 그녀는 죽고 프랑스는 파리(1437)와 루앙(1449)을 정복함으로써 22년 후인 1453년 전쟁을 완전히 끝냈습니다. 그리고 3년 후 샤를 7세는 잔다르크를 복권시켰습니다. 교황청은 다시 종교재판을 재개했고 결국 사망 489년 후인 1920년 잔다르크는 성인에 올랐습니다. 그 결정에는 잔다르크의 재판을 주도한 잉글랜드가 이후 카톨릭에서 이탈해 성공회 국가가 되었다는 점도 편안하게 작용했을 것입니다.

숙명의 라이벌

백년전쟁이 끝나고 영국은 새로운 전쟁에 돌입하게 됩니다. 이번엔 내전입니다. 요크가와 랭커스터가가 귀족간 왕권을 두고 장미전쟁(1455~1485)을 벌인 것입니다. 결국 랭커스터가가 승리해 플랜태저넷 왕조는 끝나고 강력한 왕권을 가진 튜더 왕조가 시작되었습니다. 프랑스는 대륙에서 잉글리시맨을 다 몰아내고 오로지 프렌치만의 강력한 왕권 국가가 되었습니다. 두 나라 모두 지방 제후와 기사에 의존했던 봉건 시스템이 끝나고 중앙의 왕이 상비군인 군대를 가지고 통솔하는 중앙 집권의 시대로 접어든 것입니다. 공교롭게도 백년전쟁이 끝난 1453년 유럽의 동방에선 메흐메트 2세의 오스만제국이 콘스탄티노플을 점령하여 동로마제국을 멸망시켰습니다. 동서방 모두 중세가 끝나고 새로운 시대, 유럽에서 근대가 시작된 것입니다.

백년전쟁의 종식으로 영국과 프랑스는 완벽하게 남남이 되었습

영국 화가 단테 가브리엘 로세티가 그린 잔다르크 초상화(1882)

니다. 주군과 신하, 왕국과 공국, 왕과 공작 등으로 얽히고, 그로
인해 프랑스 내 있던 영국의 영토가 정리되면서 노르만 왕가 때
부터 이어오던 양국의 관계가 청산이 된 것입니다. 영국의 헨리
5세가 프랑스 왕위 계승 권리를 명시한 트루아 조약이 최종 프

랑스의 승리로 끝나면서 그런 이상한 밀월 관계가 모두 무효가 되었기 때문입니다. 그때부터 영국의 왕은 프랑스 내 영토를 주장하지 않게 되었고, 프랑스의 왕은 영국의 왕에게 충성 맹세를 강요하지 않게 되었습니다. 물론 영국 상류사회에서 더 이상 프랑스어도 들리지 않았을 것입니다. 잉글리시맨과 프렌치의 독립적인 국가관과 문화가 형성되어 간 것입니다. 그렇게 영국과 프랑스는 유럽에서 쌍벽을 이루는 견원지간의 라이벌 관계로 각각 발전해 갔습니다. 두 나라가 다시 손을 잡게 된 것은 400년 후인 크림전쟁 때였습니다. 백년전쟁이 영국과 프랑스의 분리 독립 전쟁이 된 것입니다.

백년전쟁 후 프랑스 내 영국의 영토는 칼레만 남게 되었습니다. 앞에서 백년전쟁으로 양국이 99.9% 영토 정리가 되었다는 것은 이 칼레 때문입니다. 프랑스는 칼레를 또 백년이 지난 1558년이 돼서야 수복하였습니다. 진정한 백년전쟁의 종식입니다. 그런데 당시 칼레가 영국으로 남은 것은 시민들이 나몰라라 했던 프랑스 왕과는 달리 그들을 죽음에서 구해준 영국 왕비의 은혜를 기억해서 영국을 선택한 것이었을까요?

십자가의 퍼즐

유니언 잭

영국의 국기를 자세히 들여다보면 숨은그림찾기나 매직 아이처럼 많은 것이 튀어나옵니다. 다양한 십자가들입니다. 그것들은 유나이티드 킹덤(UK)이 되기까지 지나온 영국의 역사를 보여주고 있습니다. 그 십자가들이 모여서 완성된 영국의 국기는 그래서 연합을 의미하는 유니언 잭이라 불립니다. 세계에서 가장 오랜 시간에 걸쳐 결정된 국기입니다. 무려 700년이나 걸렸으니까요. 그런데 그 안엔 아무리 자세히 봐도 보이지 않는 그들의

역사까지 들어있습니다. 유니언 잭의 십자가에 들어있는 영국
의 보이는 역사와 보이지 않는 역사에 대해 알아봅니다.

청백의 하이랜더

7월 하순, 파란 하늘과 하얀 구름…. 누가 스코틀랜드의 날씨를
우울하다 했습니까? 한여름엔 더없이 청명하고 시원한 날이 이
어집니다. 기원전 라틴족은 그레이트브리튼섬에 들어와 본래부
터 살고 있던 켈트족을 북쪽 하이랜드로 몰아냈습니다. 그리고
그곳 경계지에 우리 휴전선에 철조망을 치듯이 방벽을 굳게 쌓
았습니다. 그곳이 경계선이니 켈트족에게 그 밑으로는 내려오
지 말라는 것이었습니다. 122년에 축조된 그 방벽은 당시 로마
황제의 이름을 딴 하드리아누스의 방벽이라 불립니다. 그 유적
지는 로마인이 410년 그 땅에서 모두 철수하고 1600년이 지난
지금도 남아있습니다. 그 방벽을 쌓고 국경을 결정함으로써 로
마인은 기원전 55년 율리우스 카이사르가 그 섬을 상륙한 이후
약 200년에 걸친 브리타니아 속주 건설을 완료하였습니다.

당시 로마인이 섬 북쪽 끝까지 깨끗하게 정복을 하지 않은 것은
그곳이 척박해 탐을 내지 않은 것도 있다고 하지만 켈트족의 저

에든버러 성벽 위로 펄럭이는 스코틀랜드 국기

항이 워낙 거세어서도 그랬습니다. 세계 어딜 가서 누굴 만나도 패배를 모르는 로마제국이었지만 그곳으로 쫓겨 간 켈트족은 달랐습니다. 최북단 차가운 바다까지 밀려갈 수 없다는 위기감이 작동했나 봅니다. 그렇게 아무리 때려도 쓰러지지 않고 계속해서 일어나니 지긋지긋해서 아예 꼴도 보기 싫어 담을 쌓아버린 것입니다. 그러니 그 방벽은 로마도 그 위쪽으로는 넘보지 않겠다는 징표와도 같은 것이었습니다. 로마제국이 이렇게 이민족과의 국경선에 방벽을 세운 예는 찾아보기 힘듭니다. 그들도 그만큼 그곳 켈트족을 두려워했던 것입니다.

그래서 당시 로마인은 그들을 거칠고 강하다는 의미의 칼레도니언 Caledonian이라 불렀습니다. 그리고 난공불락의 그곳을 칼레도니아라 불렀습니다. 훗날 대영제국의 제임스 쿡 선장이 발견한 태평양의 섬나라 뉴칼레도니아의 기원입니다. 그곳 지형이 스코틀랜드를 닮아 그렇게 명명을 한 것입니다. 그렇듯 로마가 포기했던 방벽 북쪽의 땅은 스코틀랜드가 되었고 라틴족에 저항했던 켈트족은 스코트족이 되었습니다. 그리고 그곳의 파란 하늘과 하얀 구름은 지금도 변함없이 아름답게 스코틀랜드의 공중을 빛내고 있습니다.

윌레스의 푸른 심장

라틴족과 맞서 싸웠던 스코트족은 그들이 물러간 후 중세기 그 땅의 새로운 주인이 된 앵글로색슨족과 맞서 또 싸우게 됩니다. 게르만 민족의 대이동 때 대륙에서 건너와 남부를 통일한 잉글랜드가 그들의 새로운 적이 된 것입니다. 잉글랜드는 끊임없이 그들을 공격해 그레이트브리튼섬의 완전 통일을 원했습니다. 스코틀랜드는 그들과 맞서 자유와 독립을 위해 싸웠습니다. 과거 로마제국과 싸웠던 켈트족의 후예답게 용감하고 질기게 저항한 것입니다. 우리에게 잘 알려진 멜 깁슨 주연의 영화 〈브레이브하트〉는 바로 이런 독립전쟁의 실제 역사입니다. 호주 출신의 그 배우는 1300년 전후 스코틀랜드의 독립 영웅인 윌리엄 월레스를 훌륭하게 연기하였습니다.

영화에서 그는 전투 시 얼굴에 문신을 새기고 등장합니다. 파란 바탕에 하얀 선…. 마치 스코틀랜드의 파란 하늘에 떠있는 하얀 구름처럼 보이는 그 문신은 스코틀랜드의 국기를 본뜬 것입니다. 그 국기는 지금도 윌리엄 월레스의 동상이 수문장으로 지키고 있는 에든버러 성을 비롯한 스코틀랜드 곳곳에서 펄럭이고 있습니다. 그의 꿈처럼 그의 조국 스코틀랜드가 완전한 독립을 이루지 못한 채 영국(UK)을 구성하는 한 나라로 통일되었지만 말입니다.

세인트 앤드루의 순교

파란 하늘의 하얀 십자가, 그 문양은 '성 앤드루기'라 불리는 스코틀랜드의 국기입니다. 영어 이름 앤드루는 예수의 12사도 중 한 명으로 수제자인 베드로의 동생 안드레, 또는 안드레아, 안드레아스를 가리킵니다. 예수 죽음과 부활 승천 후 베드로는 그의 복음을 전하다 십자가형으로 처형될 시 스승인 예수와 똑같이 죽을 수 없다며 거꾸로 매달려 순교하였습니다. 그래서 베드

성 앤드루 십자가가 들어있는 스코틀랜드의 성 앤드루기

로의 십자가는 정상적인 십자가를 뒤집은 형태입니다. 안드레는 순교 시 그 역시 형처럼 스승인 예수와 똑같이 죽을 수 없다며 ×자형 십자가에 매달려 순교를 하였습니다. 그래서 ×자 모양의 십자가를 가리켜 '성 앤드루 십자가St Andrew's Cross'라 부릅니다. 스코틀랜드의 이곳저곳에 많이 등장하는 그의 이름입니다.

정말 대단한 형제입니다. 한낱 물고기를 잡던 어부였던 그들이 변하여 사람을 낚는 위대한 사도가 되어 초인적인 순교를 한 것입니다. 그 공으로 새벽닭이 울기 전 예수를 세 번이나 부인했음에도 베드로는 훗날 서방 로마 카톨릭 교회의 초대 교황이 되었고, 안드레는 동방정교회의 본산인 콘스탄티노플 초대 총대주교가 되었습니다. 형제가 모두 유럽의 서방과 동방을 이끈 양대 기독교의 초대 수장으로 추대된 것입니다. 스코틀랜드는 열세로 몰린 어떤 전쟁에서 이 앤드루의 ×자형 십자가가 하늘에 구름 모양으로 나타나 승리한 것을 기념해 그 모양을 국기로 삼았습니다.

드래곤 슬레이어, 세인트 조지

잉글랜드 국기에도 역시 십자가 문양이 들어가 있습니다. 우리가 잉글랜드 대표팀의 축구나 골프 경기에서 많이 보아오던 십자가입니다. 가로가 세로보다 긴 붉은 그 십자가는 '성 조지 십자가St George's Cross'라 불리고, 그 십자가를 하얀 바탕에 앉힌 잉글랜드의 국기는 '성 조지기'라 불립니다. 성 조지는 흔치 않게 군인 출신으로 성인의 반열에 오른 인물입니다. 고대 로마 시대 때 용과 싸워 이겼다는 전설의 군인 게오르기스였습니다. 게오르기스는 조지의 라틴어 이름입니다. 그는 어느 마을에서 사람을 해치는 용을 제거해 그 마을 사람들을 모두 기독교로 개종하게 해 성인으로 추존되었습니다. 그래서 그 십자가는 전쟁이 많았던 중세에 승리와 용맹성을 상징하는 깃발로 잉글랜드를 비롯한

성 조지 십자가가 들어있는 잉글랜드의 성 조지기

여러 곳에 등장했습니다. 잉글랜드는 헨리 2세가 십자군 전쟁에 출정하며 성 조지기를 최초로 사용한 것으로 알려졌습니다.

성 조지 십자가는 역시 그 전쟁에 출정해서 맹활약을 펼친 템플 기사단에서도 보입니다. 모양은 조금 다르나 그 붉은 십자가는 템플 기사들의 하얀 망토와 방패에 선명하게 새겨 있었습니다. 템플 기사단은 프랑스인이 주축으로 구성되었습니다. 그리고 아예 국호도 조지아인 조지아 국기에서도 그 십자가는 보입니다. 그래서 잉글랜드 국기와 유사해 보이는 조지아 국기입니다. 유럽엔 이렇게 우리가 여러 나라의 국기에서 보듯이 다양한 십자가를 국기 문양으로 쓰고 있습니다. 바이킹 국가였던 북유럽의 덴마크를 비롯한 스칸디나비아 3국은 모두 동일한 모양의 십자가를 국기에 넣고 있습니다. 가로 세로가 중앙에 위치한 성 조지 십자가와는 달리 세로가 왼편에 가 있는 십자가입니다. 지금은 사라진 템플 기사단과는 달리 오늘날까지 활동 중인 몰타 기사단의 경우는 가로 세로의 길이가 동일한 별 모양의 짧은 십자가를 표식으로 사용하고 있습니다.

십자가와 십자가의 합체

결국 잉글랜드는 스코틀랜드를 완전 정복하는 대신에 평화적으로 통일하는 데 합의에 이르렀습니다. 이 역시 과거 로마인들처럼 포기한 것일 수도 있습니다. 800년 동안 잉글랜드가 지속적으로 전쟁을 비롯한 많은 당근과 채찍을 가했음에도 굴복을 하지 않자 1707년 '연합법 Acts of Union'이라는 법령을 통해 통일을 한 것입니다. 물론 이것은 스코틀랜드도 동의했기에 이루어진 통일이었습니다. 서로가 그렇게 안 하는 것보다는 하는 것이 이익이 된다고 생각해서 이루어진 통일이었습니다. 이미 100년 전인 1603년 스코틀랜드의 왕이었던 제임스 6세가 잉글랜드의 왕인 제임스 1세로 등극하여 1왕 2국가 시스템으로 운영해오던

1707년 잉글랜드와 스코틀랜드 통합으로 제정된 그레이트 브리튼 왕국의 국기

두 나라였습니다. 튜더 왕조의 버진 퀸 엘리자베스 1세가 후사가 없자 손자뻘인 그가 잉글랜드의 왕이 되면서 스튜어트 왕조를 시작한 것입니다. 그때부터 그레이트브리튼섬의 왕은 1명이지만 그 왕은 잉글랜드와 스코틀랜드 두 나라의 의회를 상대해야 했습니다. 그런 모드 속에서 앤 여왕 때 결국 그 두 나라 의회는 통합에 이른 것입니다.

1707년 잉글랜드와 스코틀랜드의 통합은 그레이트브리튼 왕국(GB)이 탄생되는 순간이었습니다. 그레이트브리튼섬에서 이루어진 대통합인 것입니다. 영국은 올림픽에선 지금도 UK 대신

이때 만들어진 GB라는 국명으로 출전을 하고 있습니다. 이 책에 쓴 '올림픽 때만 보이는 나라' 글에서 그 역사와 사연이 소개되고 있습니다. 이제 두 나라가 그레이트브리튼으로 통일이 되었으니 그것을 상징하는 국기도 만들어야 했습니다. 그때 두 나라는 새로운 국기를 디자인하지 않고 각국이 써왔던 잉글랜드의 성 조지기와 스코틀랜드의 성 앤드루기를 1대 1로 그대로 합쳐 한 국기에 담았습니다. 초등학생도 생각할 수 있고 그릴 수 있는 참 쉬운 디자인을 선택한 것입니다. 그렇게 오늘날 영국(UK) 국기인 '유니언 잭'의 기본형이 만들어졌습니다.

세잎 토끼풀, 세인트 패트릭

영국(UK)은 주지하듯이 잉글랜드, 스코틀랜드, 웨일스, 북아일랜드 등 네 나라의 연합 국가입니다. 그러면 위와 같은 원칙으로 유니언 잭엔 이 네 나라의 국기가 다 들어가야 합니다. 1707년 잉글랜드와 스코틀랜드는 합쳐졌고 그다음 순서는 북아일랜드였습니다. 북아일랜드 역시 스코틀랜드와 똑같은 원칙으로 영국(GB)의 국기 안에 표현되었습니다. 그런데 북아일랜드가 아니고 전체 아일랜드가 그 국기 안에 들어왔습니다. 역사상 아일랜드부터 통합이 되었기 때문입니다. 주지하듯이 지금은 독립을 쟁취해 유럽의 중심 국가로 부상한 아일랜드이지만 과거엔 잉글랜드로로부터 스코틀랜드 이상 가는 침략과 탄압, 그리고 기아까지 겪은 비극의 역사를 가진 아일랜드였습니다.

로마인에게 아일랜드로 쫓겨가 정착한 켈트족은 이후 게일인이라 불리는 아일랜드 고유의 정체성을 갖춘 토착민이 되었습니다. 그들이 쓰는 언어가 켈트족의 후예들이 사용하는 게일어입니다. 잉글랜드가 아일랜드를 침공했을 때엔 영토 이상으로 종교 문제도 크게 작용을 하였습니다. 1534년 헨리 8세가 발동한 수장령으로 개신교인 성공회 국가가 된 영국이 카톨릭을 믿는 아일랜드인을 개종시키기 위해 압박을 가한 것입니다. 그곳도 자기 땅이라 여겨 만만하게 보고 그렇게 했을 것입니다. 잉글랜드는 아예 성공회를 믿는 자국민들을 아일랜드로 이주시키기도 했습니다. 당연히 이주민인 소수의 성공회교도가 다수인 본토민인 카톨릭교도를 다스리는 형태의 차별이 행해졌습니다. 일종의 총독 통치를 한 것입니다. 결국 잉글랜드는 1801년 아일랜드를 통합해 버렸습니다. 스코틀랜드와 같이 연합법을 적용한 법적 통일이었지만 분위기는 스코틀랜드 때와는 달랐습니다.

아일랜드는 정통 카톨릭 국가입니다. 5세기 중엽 아일랜드에 카톨릭을 전파한 성 패트릭을 수호성인으로 추앙하여 그의 기일인 3월 17일은 아일랜드 최대의 축일로 지금도 아일랜드는 물론 전 세계에 사는 아이리쉬 타운을 초록 물결로 물들이고 있습니다. 아일랜드의 심벌인 초록 세잎 토끼풀은 성 패트릭이 포교 시 삼위일체를 쉽게 설명하기 위해 사용한 것에서 유래합니다. 이 아일랜드도 잉글랜드와 스코틀랜드처럼 그들만의 십자가를 가지고 있습니다. 바로 수호성인의 이름을 딴 '성 패트릭 십자가St Patrick's Cross'입니다. 그 십자가는 스코틀랜드의 성 앤드루 십자가처럼 ×자형 십자가이지만 디자인은 다릅니다. 그 십자가 역시 과거엔 아일랜드의 국기에 사용되었습니다. 그래서 그 국기를 '성 패트릭기'라 부릅니다.

아일랜드를 통합한 영국은 자국 국기 안에 이 성 패트릭기를 넣었습니다. 방법은 스코틀랜드 통합 때와 같은 디자인 폴리시를 적용했습니다. 그렇게 해서 만들어진 국기가 바로 유니언 잭입니다. 오늘날 우리가 보고 있는 영국의 국기입니다. GB였던 통합 국가명도 비로소 오늘날과 같은 UK가 되었습니다. 하지만 그때의 UK는 오늘날과는 달리 United Kingdom of Great Britain and Ireland였습니다. 영국 역사상 최대 영토였던 시기였습니다. 당시 국명에 들어간 그 Ireland가 남쪽이 독립하며 북

성 패트릭 십자가가 들어있는 과거 아일랜드의 성 패트릭기

아일랜드만 남아 오늘날과 같은 Northern Ireland로 바뀐 것입
니다. 자꾸만 길어지는 영국의 국가명입니다.

새로운 아일랜드, 삼색기

영국은 아일랜드가 1921년 자유공화국으로 완전한 독립을 이
루었지만 아직도 그들의 상징인 과거 국기 문양을 유니언 잭에
그대로 사용하고 있습니다. 통일할 때 넣었으니 독립하면 빼는
게 맞을 텐데 그렇게 하지 않은 것입니다. 아일랜드는 1949년
영연방에서도 탈퇴해 영국 왕이 아무런 영향력을 발휘하지 못
하는 국가입니다. 가장 가깝지만 생각보다 먼 나라가 된 것입

1801년 GB와 아일랜드의 통합으로 만들어진 UK의 유니언 잭 국기

니다. 그런데도 영국(UK)은 아일랜드의 수호성인을 상징하는 성 패트릭 십자가를 그들의 국기인 유니언 잭에 여전히 넣고 있는 것입니다. 성공회도 아닌 카톨릭을 대표하는 성인인데 말입니다.

아일랜드가 영국에 그것을 강력하게 빼달라고 요청 안 하는 것은 그래도 이해가 됩니다. 왜냐하면 아일랜드는 더이상 성 패트릭기를 국기로 사용하고 있지 않아서입니다. 지난 파리 올림픽에서도 보았듯이 아일랜드의 국기는 초록색, 흰색, 오렌지색이 들어간 삼색기로 과거 사용했던 성 패트릭기와는 전혀 다른 디자인으로 바뀌었습니다. 1848년 아일랜드의 청년 독립 운동가

1848년부터 사용되기 시작한 아일랜드의 국기

인 오마하르가 제정한 깃발을 독립하면서 정식 국기로 채택해서입니다. 그들이 그렇게 한 이유는 유니언 잭에 들어가 있는 성 패트릭 십자가의 진위 문제 때문이었습니다. 성 패트릭은 순교를 하지 않았기에 고유의 십자가가 있을 수 없는데도 잉글랜드가 통합하면서 유니언 잭의 십자가 아이덴티티를 맞추기 위해 당시 아일랜드를 통치했던 잉글랜드 가문인 피츠제럴드 가문의 문장을 성 패트릭 십자가로 둔갑시켜 끼워 맞췄다고 생각했기 때문입니다.

반대로 영국(UK)이 유니언 잭에 있는 성 패트릭 십자가를 빼지 않는 것엔 그 자체로도 복잡다단한 면이 있지만 아일랜드와 끈이 계속해서 이어지고 있어서일 것입니다. 아일랜드섬의 일부인 북아일랜드는 전체가 아닐 뿐 여전히 아일랜드이며 여전히 영국을 구성하는 한 나라이기 때문입니다. 그래서 유니언 잭의 성 패트릭 십자가를 아일랜드와 상관없이 그 북아일랜드의 국기로 간주하고 있는 것입니다. 실제 과거 영국이 아일랜드를 통치할 때엔 북아일랜드에도 성 패트릭기가 펄럭이고 있었을 테니 말입니다.

북아일랜드, 반전

그런데 여기에 또 반전이 있습니다. 현재 우리가 월드컵 축구나 PGA투어 골프 대회에서 보듯이 오늘날 북아일랜드는 성 패트릭기를 국기로 사용하고 있지 않습니다. 북아일랜드를 대표하는 골프 선수인 로리 매킬로이 옆에 뜬 국기는 성 패트릭기가 아닙니다. 잉글랜드의 성 조지 십자가에 왕관과 손바닥이 보이는 디자인의 그 기는 '얼스터기'라 불리는 국기입니다. 얼스터는 아일랜드섬에서 북아일랜드가 속한 지역의 이름입니다. 아일랜드 전체 32개의 행정 구역 중 북부의 6개주를 가리킵니다. 얼스터기에 들어가 있는 육각형은 그 6개주를 상징합니다. 그 얼스터 주민들이 사용하던 지역의 기를 지금 북아일랜드는 자국의 국기로 사용하고 있는 것입니다. 더욱 복잡해지는 영국의 국기 이야기입니다.

하지만 지금도 북아일랜드 국기에 대해선 설왕설래 말이 많습니다. 뿌리 깊은 종교 문제 때문입니다. 잉글랜드가 아일랜드에 개신교인 성공회 신도를 가장 많이 이주시킨 지역이 북아일랜드인 얼스터 지방이고, 그들이 지배층이라 성 조지 십자가가 들어간 지역 깃발이 만들어진 것인데, 그곳엔 본래 아일랜드 사람인 카톨릭교도가 더 많이 살고 있기 때문입니다. 그래서 북아일랜드의 공식기인 그 얼스터기마저 거부하는 주민이 많은 상태입니다. 게다가 북아일랜드엔 가까운 스코틀랜드에서 이주한 장로교도들도 많이 살고 있습니다. 1560년 스코틀랜드에서 칼뱅의 제자인 존 녹스가 시작한 개신교입니다. 그래서 북아일랜드엔 분포로 보면 카톨릭교도 42.3%, 장로교도 16.6%, 성공회교도 11.3%로 잉글랜드계 주민이 셋 중에선 가장 적습니다.

이런 종교문제까지 겹쳐서 북아일랜드는 근래인 20세기 말까지도 아일랜드는 물론 본국인 영국과도 시끄러웠던 것입니다. 결국 1973년 북아일랜드 정부는 공식기에서 얼스터기를 배제했습니다. 과거 잉글랜드의 왕당파의 깃발로 간주한 것입니다. 그래서 현재 북아일랜드는 공식 국기가 없는 상태입니다. 위의 스포츠 경기처럼 국기가 필요할 때 관습적으로 얼스터기를 사용하고 있습니다.

얼스터 지역의 지방기였으나 북아일랜드의 국기가 된 얼스터기

그래도 이번 파리 올림픽에서 영국의 골프 영웅 로리 매킬로이가 왜 영국기인 유니언 잭도 아니고, 북아일랜드기인 얼스터기도 아닌 삼색의 아일랜드기를 가슴에 달고 아일랜드 국가 대표로 출전했는가는 의문이 남습니다. 통상적인 기준으로 보면 그는 타국의 국가대표로 출전한 것입니다. 역시 이 책에 쓴 '올림픽 때만 보이는 나라'에 그 사연이 들어 있습니다. 복잡하고 재미있는 나라 영국입니다.

유니언 잭, 완성

이제 말은 많지만 영국 국기인 유니언 잭Union Jack이 드디어 완성되었습니다. 잉글랜드가 1707년 스코틀랜드를, 1801년 아일랜

웨스트민스터 의사당을 배경으로 한 유니언 잭의 행렬. 의회 개원식 날(2024. 7. 17.)이라 거리에 많은 국기 게양. 앞의 동상은 윈스턴 처칠

드를 통합하며 국기에 국기를 더해 순차적으로 만들어진 통일의 국기입니다. 그 국기는 UK뿐만이 아니라 이번 파리 올림픽에서도 보았듯이 GB_{Great Britain}의 국기이기도 합니다. 물론 이 유니언 잭은 과거 대영제국_{British Empire}의 국기이기도 했습니다. 그래

서 바탕 컬러가 스코틀랜드의 하늘을 상징하는 스카이 블루가 아닌 세계 최강의 해군력을 자랑했던 대영제국답게 바다를 상징하는 네이비 블루로 진하게 변형된 듯합니다.

유니언 잭의 잭Jack은 당시 배에 앞에 달던 국적 식별을 위한 깃발을 가리키는 말에서 유래했습니다. 그렇게 피아를 구분하는 용도로도 사용되었지만 깃발을 꽂으면 자기 땅이 되는 시대였기에 국기의 용도는 선박이 가장 많았을 것입니다. 영화 〈카리브해의 해적〉 시리즈에서 주인공인 조니 뎁이 연기한 선장의 이름이 잭 스패로우인 것도 이와 연관이 있어 보입니다. 유니언 잭은 유니언 플래그Union Flag라고도 불립니다.

세인트 다윗, 레드 드래곤

그런데 아직도 끝나지 않았습니다. 유니언 잭에 한 나라가 빠져 있기 때문입니다. UK를 구성하는 4개국 중 웨일스는 유니언 잭에서 찾아볼 수 없습니다. 이것은 웨일스의 역사와 그 국가 지위와 상관이 있습니다. 브리튼섬 잉글랜드 서쪽에 위치한 웨일스는 1542년 헨리 8세 때 완전히 병합이 되었습니다. 물론 그 이전인 1282년 에드워드 1세 때부터 잉글랜드에 복속된 상태이긴 했습

붉은 용이 들어있는 웨일스의 레드 드래건기

니다. 그런데 스코틀랜드나 아일랜드처럼 독립 국가의 신분으로 법에 의한 통일이 아니라 무력으로 완전히 정복한 것이었습니다. 그래서 이후에도 잉글랜드와 지난한 투쟁을 벌여왔는데 웨일스 출신인 헨리 8세인 아버지인 헨리 7세가 잉글랜드의 왕이 되고 튜더 왕조를 열면서 이전보다는 저항이 수그러들었습니다. 그리고 완전히 통합이 되었습니다.

하지만 영어와는 전혀 다른 토착어를 가지고 있을 정도로 다른 민족, 다른 국가이기에 웨일스인의 민족 감정까지 사라진 것은 아닙니다. 또 역시 이곳에 쓴 '올림픽 때만 보이는 나라' 글에서

성 다윗 십자가가 들어있는 웨일스의 비공식기

소개한 유명 축구 선수 라이언 긱스의 일화에서 보듯이 말입니다. 유니언 잭엔 빠졌지만 웨일스의 국기엔 잉글랜드에 대한 저항감이 들어있을 정도입니다. '레드 드래건기'라 불리는 붉은 용이 그려져 있는 깃발입니다. 과거 그 붉은 용이 하얀 용과 싸워 이겨서 국기로 삼은 것인데 그 하얀 용은 잉글랜드를 의미합니다. 이렇듯 웨일스의 국기엔 UK의 다른 3국과는 달리 십자가가 그려져 있지 않습니다. 하지만 비공식적으로 사용되는 국기엔 십자가가 들어있습니다. '성 다윗 십자가St Dewi's Cross'가 들어있는 '성 다윗기'입니다. 성 다윗은 UK의 다른 나라와는 달리 자국인 웨일스 출신의 수호성인입니다.

웨일스 역시 로마인에 의해 쫓겨간 켈트족이 조상인 나라입니다. 웨일스Wales는 이방인이란 어원에서 유래했습니다. 그만큼 잉글랜드의 주류인 앵글로색슨족과는 거리감이 있는 민족이었습니다. 특이한 것은 웨일스의 국가 지위는 왕이 다스리는 왕국이 아니라는 것입니다. 모나코처럼 공작이 다스리는 공국으로 되어 있습니다. 그래서 웨일스는 공작 지위인 왕세자가 다스립니다. 왕세자가 군주인 것입니다.

현재 영국의 왕인 찰스 3세가 왕세자 시절에 그랬던 것처럼 현재 왕세자인 윌리엄의 공식 직함은 웨일스의 왕세자Prince of Wales 입니다. 지금 그의 부인 케이트 미들턴도 그렇지만 과거 다이애나 스펜서도 이혼 전 공식 직함은 웨일스의 왕세자비Princess of Wales 였습니다. 왕국의 지위를 받지 못하는 이런 부분에 있어서도 웨일스인은 차별을 받고 있다고 생각할 것입니다. 이런 이유로 웨일스는 유니언 잭에 들어가지 못한 것입니다. 일찍부터 잉글랜드 안에 포함된 국가로 간주되어온 것입니다. 그래서 웨일스는 공국에서 왕국으로의 격상을 희망하고 있습니다. 잉글랜드, 스코틀랜드와 동등한 지위를 갖고픈 것입니다. 만약 그런 일이 일어난다면 유니언 잭엔 그들의 붉은 용이 들어가게 될 것입니다. 또는 잊혀진 성 다윗의 십자가가 들어가게 될 것입니다.

세인트 피란, 주석의 칠흑

이렇게 해서 다 된 것 같지만 영국엔 우리가 잘 모르는 십자가가 하나 더 있습니다. 부록과도 같은 영국의 나라와 국기 이야기입니다. 런던에서 멀리 떨어진 영국의 서남부 끝 길쭉한 반도엔 뿔 모양의 나라가 하나 더 있습니다. 잉글랜드에 속한 지역으로 위의 뿔 모양을 닮았다 해서 콘월Cornwall이라 불리는 나라입니다. 인구 54만명의 소국으로 수도는 트루로입니다. 콘월은 전부터 중앙정부에 그들의 국가 지위를 올려달라고 청원하고 있습니다. 왕국까진 아니지만 UK를 구성하는 다섯 번째 국가로 포함시켜 달라는 것입니다.

콘월은 정서적으론 웨일스와 비슷해 과거 그곳은 웨스트 웨일스라 불렸습니다. 그래서 국기도 웨일스의 비공식기인 성 다윗기의 십자가 색깔만 다릅니다. 콘월의 수호성인인 성 피란의 이름을 딴 '성 피란기'입니다. 물론 그 십자가의 이름은 '성 피란 십자가St Piran's Cross'입니다. 콘월은 고대부터 귀중한 자원인 주석의 산지로 유명해 그 문양은 검은 바위에서 하얀 주석이 흘러나오는 것을 의미합니다.

웨스트 웨일스, 콘월의 국기인 성 피란기

콘월 사람들은 잉글랜드 사람을 가리켜 포리너foreigner라고 부른다고 합니다. 서로 이방인과 외국인으로 부를 정도로 정서가 다르다는 것입니다. 콘월 역시 웨일스처럼 공국으로 그 나라는 아예 왕세자의 영토로 되어 있습니다. 그래서 지역 특산품을 진상해도 왕에게 하는 것이 아니라 왕세자에게 합니다. 그래서 프린스 오브 웨일스인 영국의 왕세자는 콘월 공작이란 직함도 하나 더 가지고 있습니다. 찰스 3세도 왕세자 시절엔 그렇게도 불렸고 그때 그와 사실혼 관계인 카밀라 파커 볼스는 콘월 공작부인이 공식 직함이었습니다. 물론 그녀는 정실이었던 다이애나 스펜서처럼 프린세스 오브 웨일스는 될 수 없었습니다. 이렇게 영국 왕가의 장남은 훗날 왕위가 보장됨에도 왕자 시절엔 웨일스와 콘월 공국의 군주로 재산권까지 가집니다. 왕족이나 귀족의 차남들은 영지 상속을 못 받아 과거엔 전쟁이나 결혼을 통해 그들의 영지를 만들었습니다. 새로 개척을 한 것입니다. 그래서 차남인 해리스 왕자가 왕실에서 뛰쳐나갔는지도 모르겠습니다.

유니언 잭 포에버

보듯이 영국(UK)은 역사적으로 순차적인 통합 과정을 거치며 오늘날과 같은 4개국의 통일 국가가 되었고 그에 따라 국기도 변천사를 거쳐왔습니다. 유니언 잭은 잉글랜드의 성 조지기에 스코틀랜드의 성 앤드루기를 더했고 거기에 아일랜드의 성 패트릭기를 더한 디자인으로 완성이 되었습니다. 웨일스의 레드 드래건기는 자격 미달로 유니언 잭에 들어올 수 없었고, 북아일랜드의 얼스터기는 미묘하고 복잡한 상황으로 들어오지 않았습니다.

반대로 오늘날엔 빠져야 될 아일랜드의 성 패트릭기는 여전히 유니언 잭에 머물러 있습니다. 원칙대로라면 그것 대신 얼스터기 디자인이 더해져야 할 것입니다. UK의 제5의 나라인 콘월은

빼셈)만약 스코틀랜드가 UK, GB에서 독립할 경우 예상되는 영국의 국기

덧셈)웨일스인들이 희망하는 가상의 유니언 잭. 그들 국기의 심벌인 레드 드래건이 들어감.

덧셈)웨일스 더하기 콘월까지 들어간 가상의 유니언 잭

덧셈)웨일스와 콘월의 십자가를 모두 더한 가상의 유니언 잭

여전히 논외입니다. 그런데 현재 UK의 구성국 중 어느 한 나라가 독립하게 되면 그 나라의 국기는 유니언 잭의 디자인에서 빼야 하는지요?

예를 들어 브렉시트로 다시 점화될 뻔한 스코틀랜드의 분리 독립이 코로나와 우크라이나 전쟁으로 요즘은 그래도 잠잠해졌지만 만약 그 나라가 독립하면 그들의 성 앤드루기가 유니언 잭에서 빠져야 하는가입니다. 아마도 그런 일이 발생한다면 그렇게 될 것 같습니다. 덧셈으로 만들어진 유니언 잭이니 뺄셈도 가능하단 것입니다. 아일랜드의 성 패트릭기는 특수한 이유로 그대로 유니언 잭에 머물러 있지만 스코틀랜드의 성 앤드루기는 그럴 이유가 없으니까요. 유니언 잭에서 그들의 하얀 십자가는 물론 파란 하늘까지 빼서 갖고 갈 것입니다. 그렇게 되면 통합을 강조한 유니언 잭의 이름도 퇴색해 이름을 바꿔야 할 것입니다. 아, UK와 GB란 국가명도 마찬가지이겠네요. UK보다 GB가 더 심각해 보입니다. 끝나도 재미있는 영국의 국기 이야기입니다.

영국인데 영국이 아닌 깃발들

하지만 아직도 이야기 안 된 영국의 국가 아닌 국가와 십자가 국

건지섬 국기. 잉글랜드의 성 조지 십자가에 노르망디와의 관계를 나타내는 노르만 십자가 포함

저지섬 국기. 성 패트릭 십자가에 잉글랜드의 왕관과 문장을 더함

기들이 있습니다. 바로 영국 왕실령에 속한 나라들입니다. 영국엔 3개의 왕실령이 있는데 이들은 특이하게도 UK의 영토에는 포함되지 않습니다. 말 그대로 왕실에 소속된 국가입니다. 그렇다고 과거 제국주의 시절 아프리카의 콩고가 벨기에 레오폴드 2세의 사유지였던 것과는 다릅니다. 공적인 개념의 국가입니다. 그래서 영국 의회를 따르지 않고 자치 의회를 운영하고 있습니다. 군주가 영국의 왕이기에 국방과 외교는 영국이 담당합니다. 부총독급 인사를 왕실에서 파견합니다. 그런 왕실령 국가로는 프랑스의 노르망디 앞 바다 채널제도에 있는 건지섬과 저지섬, 그

맨섬 국기. 그리스신화에 등장하는 세 개의 다리를 뜻하는 트리스켈리언 표시. 멈추지 않는 전진을 상징. 시칠리아 국기에도 등장

리고 영국과 아일랜드 사이에 있는 맨섬이 있습니다. 이 나라들은 올림픽 출전 시 영국(GB)으로 나갑니다. 자체에 올림픽조직위원회가 없기 때문입니다. UK는 안 되어도 GB는 되는 것입니다. 끝까지 흥미로운 영국입니다.

TAKEOUT **2**

갓
세이브 더 퀸

검은 옷의 여제

여왕들의 사생결단

왕위를 계승 중입니다, 아버지

검은 옷의 여제

빅토리아

어느 나라이든 역사에서 여왕을 찾아보기는 힘들지만 유독 영국에선 여왕들이 눈에 띕니다. 그리고 그녀들은 대부분 훌륭하게 군주의 미션을 잘 수행했습니다. 엘리자베스 1세는 1588년 스페인의 무적함대를 격파해 유럽에서 영국의 시대를 열었고, 1707년 앤 여왕은 연합법의 발효로 그레이트브리튼 통일왕국의 시대를 열었습니다. 그리고 여기 이름이 곧 시대가 된 여왕이 있습니다. 영국 역사상 최고 중흥기인 19세기의 대영제국을 이끈 빅토리아 여왕이 바로 그녀입니다. 그런데 그녀는 무려 40년 간 검은 상복을 입고 영국을 다스렸습니다. 그녀와 그녀로 하여 금 그렇게 긴 세월 상복을 입게 한 매력남 알버트 공에 대해 알 아봅니다. 그리고 그 기간 그녀가 칩거했던 윈저성에 대해서도 알아봅니다.

예송논쟁

조선시대 효종이 죽은 후 그의 계모인 장렬왕후가 상복을 얼마 나 입어야 하는지를 가지고 신하들이 논쟁을 벌인 것을 예송논 쟁(1차, 1659년)이라고 합니다. 조정은 서인과 남인으로 나뉘어 서인은 1년을, 남인은 3년을 격렬하게 주장했습니다. 논쟁은 서 인의 주장대로 1년을 입는 것으로 종결되었습니다.

장렬왕후는 그 후 역사에서 똑같은 논쟁의 주인공으로 또 등장 하게 되는데 이번엔 15년 전에 1년간 상복을 입게 했던 효종의 부인인 의붓며느리가 죽어서였습니다. 이때도 조정은 또 두 파 로 또 나뉘어 상복 예법에 대한 논쟁을 벌였습니다. 이번엔 1년 을 주장한 남인이 승리를 거두어 9개월을 주장한 서인에게 역전 승을 거두었습니다.

윗 항렬인 장렬왕후가 연거푸 상복을 입게 된 것은 당연히 그녀가 의붓아들인 효종과 의붓며느리보다 더 오래 살아서였습니다. 효종의 아버지인 인조가 아들보다 불과 5세 많은 그녀와 재혼을 해서 일어난 일이었습니다. 물론 친부모가 죽었다면 논쟁 없이 3년간 상복을 입혔을 것입니다. 이렇듯 조선의 왕실에선 모든 상을 챙겨야 했기에 왕에 따라 평시의 관복보다 상복 입은 기간이 더 긴 시대도 있었을 것입니다. 그래서 아마도 상복은 평상복 이상으로 잘 만들었을 것입니다. 임시복이라 하기엔 착복 기간과 빈도수가 이처럼 많았을 테니까요. 그런데 상복을 3년을 입든 1년을 입든 그것이 왜 그렇게 중요했을까요? 친부모가 사망해도 장례가 끝남과 동시에 상복을 벗는 요즘으로 보면 참으로 불가사의하고 한가해 보이는 논쟁입니다. 유교의 폐해였습니다. 그래도 아들이든 며느리든 똑같은 기간의 상복 착복으로 결론 낸 것을 보면 남녀평등은 이룬 것 같습니다.

사랑에 빠진 여왕들

유교를 믿지 않음에도 1년, 3년이 아닌 40년 동안 상복을 입은 역사 속 인물이 있습니다. 더구나 그는 거대한 나라를 다스리는 제국의 군주였습니다. 그것도 서열상 자기보다 지위가 낮은 신하의 죽음을 애도하기 위해서 그랬습니다. 왕이 아니고 여왕이었습니다. 19세기, 세계를 무대로 뻗어나가 대영제국으로 불렸던 영국의 군주인 빅토리아 여왕이 바로 그녀입니다. 그녀는 17세 때에 독일에서 영국에 온 외사촌 알버트 공을 보는 순간 첫눈에 반했습니다. 외모지상주의였던 그녀가 잘생긴 그의 얼굴을 보고 푹 빠진 것이었습니다. 게다가 그는 학식과 인품도 훌륭했습니다. 그녀는 1년 후인 1837년에 여왕이 되고 그에게 청혼해 3년 후 결혼에 골인했습니다. 결혼식은 런던의 세인트제임스 궁전에서 거행되었습니다.

당시 그들은 동갑내기로 둘 다 21세였습니다. 빅토리아가 알버트를 얼마나 좋아했는지는 그녀의 일기에 적나라하게 나옵니다. 하지만 결혼 후 실생활은 달랐습니다. 그녀는 그를 닦달하며 고성을 지르며 결혼 생활을 이어갔습니다. 좋아하는 것과 대하는 것이 다른 여자였나 봅니다. 그녀의 그런 태도와 행동은 다혈질인 하노버 왕가의 유전 요소에도 기인했습니다. 물론 그녀 개인의 성격도 작용했습니다. 그래도 빅토리아 여왕은 알버트 공에게 그런 태도와 행동을 보일 때마다 조금 지나면 바로 후회했었나 봅니다. 화가 나서 방문을 걸어 잠그고 들어간 알버트에게 여왕이 아닌 한 여자이고 아내로서 문을 열어달라고 간청했다

세인트제임스 궁전에서 거행된 빅토리아 여왕과 알버트 공의 결혼식 | 조지 하이터 | 1840

고 하니까요. 처음엔 "문을 열라" 했다가 "제발 문 좀 열어주세요" 한 것입니다. 여느 부부와 다름없는 모습입니다. 여왕은 그렇게 시간이 흐를수록 알버트 공에게 온순한 양이 되어갔습니다. 결혼의 합을 맞춰간 것입니다.

영국 왕실에서 빅토리아 여왕과 비슷한 결혼 케이스로는 그녀와 군주 치세 기간으로 랭킹 1, 2위를 다투다 결국은 70년 재위로 64년의 빅토리아 여왕을 2위로 밀어낸 엘리자베스 2세 여왕이 있습니다. 그녀는 최근인 2022년 사망했습니다. 엘리자베스

알버트 공(1819~1861) 사후 공주들의 위로를 받고 있는 빅토리아 여왕(1819~1901)

2세는 13세 때 그리스 출신의 해군 사관생도였던 필립 공을 처음 본 순간부터 반해서 결혼의 꿈을 키워갔습니다. 그 역시 빅토리아의 알버트처럼 잘생겼기 때문이었습니다. 짝사랑에 빠진 빅토리아는 그 시절 일기를 통해 마음을 드러냈고, 그녀의 고

손녀인 엘리자베스는 편지를 통해 그녀의 짝사랑을 표현했습니다. 엘리자베스보다 5년 연상인 필립은 그녀를 처음엔 어린아이 취급했습니다. 하지만 4년 후 윈저성에 초대되어 17세가 된 그녀가 크리스마스 공연을 하는 모습을 보고는 그도 그녀가 여자로 보이기 시작했습니다. 그리고 4년 후인 1947년 그 커플은 웨스트민스터 사원에서 결혼식을 올렸습니다.

이렇듯 영국사에서 가장 오랫동안 왕좌에 앉아있었던 두 여왕은 그녀들이 더 적극적으로 나서서 프러포즈를 한 공통점이 있습니다. 그리고 둘 다 공주 시절 백마 탄 왕자와도 같은 외국의 잘생긴 왕족을 보고 반해서 결혼을 했습니다. 아울러 두 여왕의 남편들은 그녀들의 기대에 부응해 말썽을 안 피우고 외조를 정말 잘했습니다. 그래서인지 빅토리아 여왕의 치세 기간에 영국은 중흥기를 이루었고, 엘리자베스 2세는 자국민은 물론 영연방의 많은 국민으로부터도 사랑과 존경을 받았습니다. 남자나 여자나 배우자의 역할이 그만큼 중요한가 봅니다. 엘리자베스 2세는 필립 공과 함께 74년의 결혼 생활을 하고 그의 사후 1년 후인 2022년 사망했지만, 빅토리아 여왕은 알버트 공과 21년 결혼 생활을 하고 그의 사후 40년 후인 1901년 사망했습니다. 과부로 40년을 산 것입니다.

부부는 무촌이고 평등하다지만 여왕의 남편은 여왕에게 충성을 맹세한 신하이기도 합니다. 군주제를 채택한 나라에서 왕을 능가하는, 또는 동등한 권력은 있을 수 없으니까요. 하지만 빅토리아 여왕은 알버트 공 사후 그에게 충성을 다했습니다. 일단 여자로서, 여왕으로서 화려한 궁중 예복을 얼마든지 입을 수도 있었지만 그녀는 검은 상복만을 입었습니다. 21년 결혼 생활보다 두 배나 긴 40년 동안을 그런 복장으로 살은 것입니다. 결국 남편의 상복 탈상일은 그녀의 사망일이 되었습니다. 위에서 본 과거 유교 국가인 우리의 조선처럼 정해진 상례가 있는 것이 아니었음에도 그녀 스스로 그렇게 먼저 간 남편을 애도한 것입니다. 물론 빅토리아 여왕의 남편 알버트 공은 그녀를 위해 단 하루도 상복을 입어줄 수 없었습니다.

그 기간 빅토리아 여왕에겐 유럽의 왕족이나 귀족 사회에서 흔하게 볼 수 있던 재혼이나 애인을 두는 등의 스캔들도 없었습니다. 당시 그녀가 40대 초반임을 감안할 때 충분히 그럴 수도 있었는데 그렇게 하지 않은 것입니다. 물론 존 브라운이라는 말을 관리하던 시종과의 친교도 있었고, 어린 인도인 시종을 곁에 두

알버트 공 사후 5년의 빅토리아 여왕. 4녀인 루이즈 공주, 그리고 말 시종인 존 브라운

기도 했습니다. 하지만 그것은 모두 남녀관계로 보기엔 무리가 있는 정도의 수준이었습니다. 물론 외모지상주의였던 그녀이기에 그들도 모두 잘생겼습니다. 이렇게 검은 상복을 입은 그녀는 그 옷을 입은 날부터 런던의 버킹엄 궁을 떠나 원저성에 박혀서 나오지도 않았습니다. 공식 행사일만 모습을 보였습니다. 그녀가 '원저의 과부'라 불리는 이유입니다.

빅토리아 여왕은 결혼식 때엔 하얀 드레스를 입었습니다. 하얀 그녀를 둘러싼 12명의 들러리들도 모두 하얀 드레스를 입었습니다. 웨딩드레스와 서양식 결혼식의 원조입니다. 과연 금슬 좋은 부부에게 있을 법한 원조 스토리입니다. 결혼 후 여왕과 알버트 공은 4남 5녀를 두었습니다. 21년 결혼 생활을 하며 평균 2년마다 1명씩 자녀를 낳은 것입니다. 그것 역시 치고받고 시끄러웠어도 좋은 금슬의 영향이었을 것입니다. 그들 자녀들은 대부분, 아니 모두 바다 건너 유럽 각국의 왕족들과 결혼을 했습니다. 그래서 그녀는 말년엔 무려 42명의 손주를 두어 '유럽의 할머니'로 불렸습니다. 9명의 자녀가 4배로 불린 것입니다. 이렇게 자녀들로도 유럽 대륙을 정복했던 빅토리아 여왕이었습니다. 물론 그렇다고 사돈과 형제자매, 그리고 사촌으로 얽힌 그 나라들이 서로 사이가 꼭 좋은 것은 아니었습니다. 국익은 혈육보다 한참 앞에 있으니까요.

알버트 공의 외조

외조의 왕답게 알버트 공은 아내인 빅토리아 여왕을 도와 많은 일을 했습니다. 가장 대표적인 것으로는 1851년 대영제국의 힘을 세계만방에 떨친 만국박람회가 있습니다. 세계 최초의 엑스포입니다. 크리스털 팰리스라 불리는, 정확히는 판유리를 이어

빅토리아 여왕의 결혼식을 묘사한 그림. 빅토리아 여왕의 화이트 드레스는 오늘날 웨딩드레스의 원조로 불린다.

붙여 만든, 당시로는 획기적인 공법의 거대한 유리궁이 런던의 하이드파크에 들어섰습니다. 산업혁명으로 생산해 낸 자국의 발달된 상품들과 전 세계 식민지와 각국에서 온 진귀한 상품들이 그 엑스포에 전시되고 거래되었습니다. 알버트 공의 작품이었습니다. 그것을 보고 충격을 받은 프랑스는 서둘러 에펠탑을 세웠고 후발주자로 파리 엑스포를 열었습니다.

알버트 공은 학문적으로도 케임브리지대학 총장을 역임했고, 음악 분야에선 런던 필하모닉의 유력한 후원자로, 미술 분야에선 그간 흩어져 있던 방대한 왕실의 작품 목록을 정리하였습니다. 그렇게 여왕의 손이 닿지 않는 곳에 왕가의 일원으로서 영국을 위해 일을 한 여왕의 남자였습니다. 빅토리아 여왕은 예술을 사랑했던 그를 위해 그의 사후 10주년 되던 해인 1871년 로열 알버트 홀을 지어 그에게 헌정했습니다. 또한 엑스포에 출품된 미술 공예품을 전시했던 박물관에도 그녀의 이름뿐만이 아니라 남편의 이름도 함께 넣어 1899년 빅토리아 앤 알버트 뮤지엄이라는 이름으로 개관을 했습니다. 사후 38년이 되어도 남편에 대한 변함없는 애정을 표한 것입니다.

윈저성의 주인

2024년 7월 저는 런던을 떠나 윈저성에 도착했습니다. 기차가

다니는 윈저역에서 가장 먼저 눈에 띄는 것은 과거 다녔던 앙증
맞은 증기기관차였습니다. 그 앤틱한 기관차가 역에 전시되어
오는 관광객들을 가장 먼저 맞고 있었습니다. 말과 마차로 오가
던 윈저성은 산업혁명 후엔 이렇게 기차로 이동이 가능해졌을
것입니다. 19세기 빅토리아 여왕도 런던의 버킹엄 궁전에서 출
발해 이 증기기관차를 타고 윈저성에 도착했을 것입니다.

버킹엄 궁전과 윈저성, 그리고 스코틀랜드의 에든버러에 있는
홀리루드 궁전은 영국 군주의 공식 주거지입니다. 굳이 구분하
자면 버킹엄은 주중 근무지이자 메인 주거지, 윈저는 주말 체류
지, 그리고 홀리루드는 여름 체류지이자 휴가지입니다. 하지만
그것은 주인인 왕 마음대로입니다. 현재 군주인 찰스 3세는 버
킹엄 궁이 아닌 본래 살던 클래런스 하우스에서 계속 거주하고
있습니다. 버킹엄 궁엔 연회나 공식 행사가 있을 때만 출근합니
다. 현재 버킹엄 궁전은 리뉴얼 공사 중이라는데 끝나면 그가 입
주할지도 모르겠습니다. 빅토리아 여왕 이전엔 런던의 런던타
워, 웨스트민스터, 화이트홀, 세인트제임스 궁전, 그리고 스코틀
랜드의 밸모럴성 등이 왕가의 주 거주지 역할을 했었습니다. 밸
모럴성은 엘리자베스 2세가 2022년 그곳에서 체류할 때 사망하
여 유명세를 탔었습니다. 물론 엘리자베스 2세는 생전에 윈저성

유니언 잭이 펄럭이는 윈저성. 영국 왕가의 여름 궁전이자 주말 거주지

도 매우 좋아했습니다. 하지만 그녀의 고조모인 빅토리아 여왕
은 그 성을 훨씬 더 좋아했습니다. 알버트 공 사후 40년간 그곳
에서 아예 살았으니까요.

윈저성은 유서 깊은 장소입니다. 1066년 영국을 침략해 영국 왕
실의 시조라 불리는 노르만 왕가를 개창한 정복왕 윌리엄 1세

검은 상복을 입고 윈저성을 지키고 있는 빅토리아 여왕

때 세워졌으니 말입니다. 그는 잉글랜드를 정복하며 요새로 런던엔 런던타워를 세웠고 윈저엔 윈저성을 세웠습니다. 모두 템스강으로 연결된 강가의 성채입니다. 두 성간의 거리는 가장 빠른 육로로 40km에 달합니다. 물론 구불구불한 템스강 물길로는 훨씬 멀 것입니다. 윈저성이 공식적으로 영국 왕실의 소유가 된 것은 튜더 왕가의 악명 높은 헨리 8세 때였습니다. 그전까지는 왕실은 윈저성을 지은 윌리엄 가문에게 임대료를 내고 사용했었는데 그가 매입한 것입니다. 아마도 윌리엄 가문의 노르만 왕가가 끊어지고 플랜태저넷 왕가가 시작될 때부터 그렇게 되지 않았을까 유추해 봅니다.

언덕 위에 있는 윈저성을 향해 걷다 보면 성 입구의 동상이 가장 먼저 보입니다. 마치 그 성의 주인과도 같은 위풍당당한 모습으로 동상은 서 있습니다. 맞습니다. 빅토리아 여왕입니다. 천년 넘게 윈저성을 거쳐간 수많은 왕과 여왕들이 있었지만 그 성의 제1 주인은 누가 뭐래도 그녀입니다. 윈저의 과부라 불리고 있는 그녀이니, 그 얘기는 그녀가 윈저의 안주인이라는 이야기일 것입니다. 마치 우리 이조 시대 때 과부가 되어서도 시댁의 곳간을 굳건히 지킨 대갓집의 며느리와도 같이 말입니다.

아마도 그녀가 버킹엄 궁전을 더 아꼈다면 버킹엄의 과부로 불렸을지도 모릅니다. 왜냐하면 그녀는 그 궁전에 최초로 입주한 군주이기 때문입니다. 그전까지 왕실의 주궁이었던 세인트제임스 궁전에서 살다가 1837년 여왕으로 즉위하며 버킹엄 궁전으로 거처를 옮긴 것입니다. 그리고 3년 후 알버트 공과 결혼하며 신혼살림도 차린 곳이니 버킹엄 궁전 곳곳엔 그들 부부의 손길이 스며 있을 것입니다. 하지만 그녀는 알버트 공이 사망하면서

부터는 윈저성으로 들어가 런던에 돌아오지 않았습니다. 거미줄이 쳐진 버킹엄 궁전은 1901년 빅토리아 여왕이 죽고 그녀의 아들인 에드워드 7세가 즉위하면서 다시 활기를 찾게 됩니다.

윈저가 윈저가 된 사연

오늘날 영국 왕실의 이름인 윈저 왕가라는 이름은 윈저성에 기인합니다. 보듯이 이전의 다른 왕가들처럼 가문의 이름이 아닌 것입니다. 이는 윈저 왕가의 뿌리가 독일계 혈통이고, 와중에 1차 세계대전이 일어나서 그렇게 되었습니다. 대전을 일으킨 독일제국에 반감을 가진 영국민들의 정서를 고려해 본래 가문의 이름을 버린 것입니다. 하노버 왕가를 이은 작센-코부르그 & 고타 왕가라는 이름을 버리고 친근한 윈저 왕가로 개명했습니다. 하노버 왕가의 마지막 군주인 빅토리아 여왕의 손자인 조지 5세 때의 일입니다. 만약 아직까지도 그전처럼 있으면 그 길고도 어려운 이름 때문에 부르기 힘들었을 작센-코부르그 & 고타는 빅토리아 여왕의 남편인 알버트 공의 가문 이름입니다. 그렇게 이름이 바뀌면서 윈저성을 사랑했던 여왕의 후손들은 지금 윈저라는 이름으로 모두 불리고 있습니다. 우리나라에서 윈저는 국산 위스키 이름으로 유명했었습니다.

해가 지지 않는 나라 대영제국을 이끈 빅토리아 여왕의 즉위 60주년 기념사진(1897)

이렇게 윈저 왕가로 불리니 영국의 왕실은 앞으로 혈통의 이름을 쓸 일이 없어졌습니다. 지금까지는 아들이 없어서 딸이 여왕으로 즉위 시 남편 가문의 이름을, 또는 딸도 없어서 방계가 왕위에 오를 경우 그 가문의 이름으로 왕조가 바뀌었는데 이젠 누가 왕이 되어도 윈저 왕가로 불리는 것입니다. 실제로 엘리자베스 2세 여왕의 경우에도 남편인 필립 공이 그리스계인 마운트배튼 가문이기에 찰스 3세부터는 윈저 왕가가 아닌 마운틴배튼 왕가로 불려야 한다는 설이 있었습니다. 남자가 권력은 없어도 가문의 이름을 간판으로 내세울 수 있게 만든 이 왕가의 룰은 부계 사회가 만든 관습일 것입니다. 재미있는 영국 왕가의 이야기입니다.

이름이 곧 시대, 빅토리아

빅토리아 여왕은 1837년부터 1901년까지 64년간 영국과 인도를 비롯한 영연방 국가들을 다스렸습니다. 해가 지지 않는 나라 대영제국British Empire을 다스린 군주였습니다. 영국이 세계 1등 국가로 역사상 가장 강성했던 시기였습니다. 영국의 전함이나 상선들은 유니언 잭을 펄럭이며 세계의 바다를 헤치고 다녔습니다. 과거 2천 년 로마제국이 지중해를 내해로 삼으며 장악했던 것과는 비교할 수 없을 만큼 장대한 스케일이었습니다.

지금도 전 세계엔 56개의 영연방 국가가 있습니다. 그들 중 15개 국가는 영국의 왕을 자국의 군주로 예우하고 있습니다. 착취당한 식민지 국가들이 아직까지도 영국의 팬으로 있다는 것이 우리로선 이해가 안 기지만 그만큼 영국이라는 나라가 대단하다는 것을 방증하는 결과일 것입니다. 그 국가들은 영연방 안에 있는 것이 빠지는 것보다 이익이 크다고 생각해 그렇게 하고 있을 것입니다. 당연히 영국에 우호적일 수밖에 없습니다. 영국이 올림픽, 월드컵, 엑스포 등 국제 행사 유치전에 나서면 찬성표를 던질 확률이 높은 우군들입니다. 그 국가들은 우리 언론엔 한 줄도 보도되지 않는 럭비와 크리켓 월드컵을 4년마다 여는 등 그들만의 리그 속에서 살고 있습니다.

자국의 영토로 보아도 빅토리아 여왕 재임 시 영국은 가장 넓은 나라였습니다. 오늘날 영국의 영토는 그레이트브리튼섬에 속한 잉글랜드, 스코틀랜드, 웨일스와 그 옆 아일랜드섬의 북아일랜드를 더한 유나이티드 킹덤(UK)으로 구성되어 있습니다. 아일랜드의 경우 북쪽만 영국인 것은 1921년 왕이 필요 없는 공화국으로 독립하며 영연방에서 탈퇴하고 영국 잔류를 희망했던 북아일랜드만 남게 되었기 때문입니다. 하지만 그 이전 빅토리아 여왕 재임 시엔 아일랜드섬 전부가 영국의 땅이었습니다. 진정한 UK였던 것입니다. 그렇게 윈저의 과부에서 유럽의 할머니가 된 빅토리아 여왕은 광대한 UK와 British Empire 전체를 다스렸습니다. 그래서 한 시대가 그녀의 이름이 된 군주가 되었습니다. 그 이름도 찬란한 빅토리아 시대입니다.

여왕들의 사생결단

메리와 엘리자베스

여왕이 흔치 않은 서양사에 동시대에 두 명의 여왕이 재위했던 시대가 있었습니다. 더구나 두 여왕은 국경선을 사이에 둔 접경 국가의 군주로 강력한 라이벌 관계를 형성했었습니다. 둘 다 서로가 가진 것을 탐해서 그랬습니다. 그런데 그녀들은 서로 피를 나눈 가까운 친척 사이이기도 했습니다. 그런 특수성으로 인해 그녀들은 종종 영화나 드라마에 캐스팅 되고 문학 작품은 물론 오페라까지 진출을 했습니다.

피는 성별보다 진하다

미국 1920년, 영국 1928년, 프랑스 1948년…. 여성의 참정권이 인정된 해입니다. 서구에서 가장 앞서나갔던 3국임에도 그 나라 여성들은 20세기 전까지는 선거날 투표장에 갈 수 없었습니다. 그 전인 19세기에 여성이 투표를 할 수 있었던 국가는 지구상에서 뉴질랜드가 유일했습니다. 그것도 꽉 찬 세기말인 1893년에야 가능해진 일이었습니다. 주지하듯이 그전까지 여성의 사회활동은 쉽지 않았습니다. 유교 국가인 우리 조선만 그랬던 것이 아닙니다. 1789년 혁명으로 세상을 뒤집은 프랑스조차 그때 발효된 〈인간과 시민의 권리선언〉은 남자 인간과 남자 시민만을 위한 선언이었습니다. 이에 분개한 여성 혁명가 올랭프 드 구즈는 1791년 그 선언에 여성을 그대로 대입한 〈여성과 여성 시민의 권리선언〉을 발표했습니다. 결과는 단두대의 이슬이었습니다. 문학에서도 19세기 중엽 《제인 에어》와 《폭풍의 언덕》을 쓴 작가는 자매가 아니라 형제였습니다. 20세기 직전인 그때까지도 여성은 책을 낼 수 없기에 브론테가 아닌 존재 미상의 브라더로 출판을 한 것입니다. 같은 시기 프랑스에서 진보의 아이콘이었던 조르주 상드조차 그 이름은 본명이 아니라 남자 필명이었습니다.

그러나 그전부터, 아니 훨씬 전부터 유럽에서 여왕은 그렇지 않았습니다. 그녀는 그녀의 본명으로 정치를 했고 막강한 권력을 휘둘렀습니다. 그래서 그렇게 여성을 숨막히게 하고 억압한 남성이었지만 계급이 깡패라고 여성이 왕위에 오르면 남자들은 그녀에겐 꼼짝을 못하고 충성을 맹세했습니다. 이상하지요. 여권이 미약한 시대였으니 아예 여왕 제도를 안 만들거나 부정하면 될 텐데 그렇게까진 하지 않은 것입니다. 이유는 여성에게 왕관을 씌워줄 정도로 핏줄이 중요했기 때문입니다. 왕가에서 아들이 없는 경우 최후의 방법으로 선택한 것이 여왕이었으니까요. 여기서 또 한 가지 반대로 이상한 점은 그렇게 해서 즉위한 여왕이라면 여권 신장을 위해서 애를 쓸 법도 한데 그녀들은 그렇게 하지 않았습니다. 여왕이 등장하는 어떤 유럽의 영화를 보더라도 그녀 옆에 선 여성 신하는 보이지 않으니까요. 남성 왕들 시대와 다를 바 없이 시녀들만 즐비할 뿐입니다.

그래서 서양사에서 여왕은 흔치 않지만 영국엔 그래도 간간히 등장했습니다. 그런데 영국이 자리한 그레이트브리튼 한 섬에 더 흔치 않게 동시대에 두 여왕이 존재했던 시대가 있었습니다. 겹치는 재위 기간은 9년(1558~1567)에 불과했지만 그 사실만으로도 당시 영국사는 포커판의 퀸 투 페어 이상으로 흥미로울 수밖에 없습니다. 재위 기간이 겹치지 않은 여왕 전후의 영국사도 흥미롭지만 그녀들 사후에 펼쳐진 영국사까지 드라마틱하게 전개되어서 그렇습니다. 그래서 그 두 여왕 시대의 이야기는 영국에서 다른 시기의 역사보다 훨씬 밝은 스포트라이트를 받고 있습니다. 드라마와 영화, 그리고 문학 등에 단골 소재로 등장하는 이유입니다. 게다가 그녀들은 흥행성 있게 강력한 라이벌 관계로 존재했습니다. 그 관계엔 남성 왕들과 같은 정치적인 겨룸뿐만이 아니라 외모와 패션, 결혼과 염문 등의 프라이빗한 스토리도 포함됩니다. 여성이기에 그렇습니다. 스코틀랜드의 여왕인 메리 스튜어트_{Mary Stuart}(1542~1587, 재위 1542~1567)와 잉글랜드의 여왕인 엘리자베스 튜더_{Elizabeth Tudor}(1533~1603, 재위 1558~1603)의 이야기입니다.

대중매체의 히로인

2018년에 만들어지고 국내엔 2019년 개봉한 〈메리, 퀸 오브 스코틀랜드〉라는 영화가 있습니다. 특이하게도 영국, 미국에 동양의 중국까지 가세한 3개국 합작 영화입니다. 그래서인가 이 영화엔 여왕의 시녀로 중국계 배우가 등장합니다. 현실성 없는 캐스팅입니다. 이 영화를 최근 넷플릭스를 통해서 다시 보았습니

라이벌인 두 여왕들 | 커리어 & 아이브즈 판화

다. 영화를 보면서 날로 쇠퇴하는 기억력이 좋을 때도 있다고 또 느낀 것은 이 영화를 마치 처음 보는 영화처럼 재미있게 보았기 때문입니다. 그래서 저는 법정에서 피의자가 기억이 나지 않는다고 답변하는 것에 공감할 때가 많습니다. 그가 행한 과거의 죄는 비난받아야겠지만 그 진술은 거짓이 아닐 수도 있기에 그렇습니다.

제목처럼 영화는 스코틀랜드의 여왕인 메리가 주인공으로 나옵니다. 하지만 잉글랜드의 엘리자베스 여왕도 주인공급으로 나옵니다. 그녀는 1952년 동명의 엘리자베스가 26세에 여왕으로 즉위하면서 엘리자베스 여왕에서 엘리자베스 1세 여왕으로 정식 호칭이 바뀌었습니다. 1세 엘리자베스는 생전에 2세보다 1년 먼저인 25세에 여왕으로 즉위했습니다. 영화는 메리 시점에서 만들어졌기에 메리는 주연인 프로타고니스트이고 엘리자베스는 적대자인 안타고니스트로 나옵니다. 그렇게 둘은 라이벌 관계를 형성하며 같은 목표를 이루기 위해 그녀들만의 정치를 했습니다. 서로가 갖고 있는 것을 뺏고자 함이었습니다.

스코틀랜드의 여왕인 메리는 잉글랜드를 탐했고, 잉글랜드의 여왕인 엘리자베스는 스코틀랜드를 탐했습니다. 그래서 결과는 비극으로 끝났습니다. 어느 한쪽이 죽어야만 끝나는 게임인데 그렇게 되었기 때문입니다. 정확히는 라이벌 여왕에게 죽임을 당했습니다. 그런데 죽임을 당한 여왕이 꼭 패배했다고만은 할 수 없습니다. 그녀들이 모두 죽은 후 영국의 역사는 다르게 흘러 갔기 때문입니다. 그렇다면 메리 스튜어트와 엘리자베스 튜더 중 최후의 승자는 누구일까요? 영화에서 메리 여왕은 같은 영국 을 배경으로 한 영화 〈어톤먼트〉에서 인상적인 아역을 맡은 시 얼샤 로넌이, 엘리자베스 여왕은 굳이 설명이 필요 없는 배우인 마고 로비가 연기했습니다.

메리, 불운의 시작

스코틀랜드의 메리는 태어나자마자 군주가 된 여왕입니다. 아 버지인 제임스 5세가 1542년 그녀가 태어난지 6일 만에 죽었기 때문입니다. 그래서 프랑스에서 시집온 엄마인 마리 드 기즈가 섭정을 했습니다. 당시 스코틀랜드 남쪽 아래 잉글랜드는 6명의 왕비로 유명한 정력왕 헨리 8세가 다스리고 있었습니다. 6명의 왕비에서 그의 여성 행각이 멈춘 것은 그의 수명이 다했기 때문 이었습니다. 그 헨리 8세는 웨일스와 아일랜드 정복과 함께 스 코틀랜드도 탐을 내 전쟁을 일으켰는데 1547년 그 전쟁에서 스코틀랜드는 대패를 하였습니다. 그래서 메리 여왕의 엄마는 위협감을 느껴 6세밖에 안 된 아기 여왕을 그녀의 친정인 프랑스로 피신시켰습니다. 헨리 8세의 아들과의 정혼을 거부하고 잉글랜드의 위협에서 벗어나고자 프랑스의 왕자와 정혼을 하고 떠나보낸 것이었습니다.

바다 건너 당시 유럽 최고의 선진국이었던 프랑스에서 자란 메리 여왕은 다재다능한 숙녀로 성장했습니다. 게다가 늘씬하게 키도 크고 미모도 뛰어나 프랑스 왕가에서 매우 인기가 좋았습니다. 하지만 그녀의 남편인 프랑수아 2세는 그녀와 결혼하고 2년 만인 1560년 사망을 하였습니다. 그래서 그녀는 과부가 된 1년 후인 1561년에 고국인 스코틀랜드로 귀국을 하였습니다. 남편인 프랑수아 2세가 죽고, 특히나 그녀를 총애했던 시아버지인 앙리 2세도 죽자 피렌체의 메디치 가문에서 시집온 드센 시어머니인 카타리나가 그녀를 심하게 구박했기 때문입니다. 이렇게 메리는 프랑스의 왕비를 포기하고 스코틀랜드의 여왕으로 돌아왔습니다. 하지만 그녀의 고국도 바람 잘 날이 없기는 마찬가지였습니다. 험난한 그녀의 여왕 시대가 시작된 것입니다.

대외적으로 스코틀랜드와 라이벌인 잉글랜드와는 영토 문제로 골머리를 앓았습니다. 당시 잉글랜드의 군주로 엘리자베스 1세가 들어섰습니다. 그녀는 부왕인 헨리 8세에 이어, 그의 유일한 아들인 이복 남동생 에드워드 6세에 이어, 그리고 또 블러드 메리라 불린 그녀의 이복 언니에 이어 1558년 여왕에 올랐습니다. 6명의 왕비에게서 난 3남매를 모두 왕으로 등극시킨 헨리 8세였습니다. 엘리자베스 1세는 부왕이 이루지 못한 영국의 완전한 정복을 위해 메리가 귀국한 스코틀랜드를 괴롭혔습니다.

대내적으로는 개신교인 장로교와의 갈등이 컸습니다. 메리 여왕은 잉글랜드의 동명의 메리 여왕처럼 독실한 카톨릭교도였기 때문이었습니다. 스코틀랜드의 장로교는 그녀가 귀국하기 1년 전인 1560년 칼뱅의 제자인 존 녹스에 의해 창시되어 매우 인기를 끌었습니다. 잉글랜드의 헨리 8세가 1534년 수장령을 발동해 로마 교황청으로부터 벗어난 것처럼 스코틀랜드도 개신교 국가로 가고 있던 것이었습니다. 그런데 메리 여왕이 귀국하니 존 녹스는 강하게 반발한 것이었습니다. 그래서 사사건건 그녀를 방해하고 깎아내렸습니다. 세속의 신하들은 여왕에게 충성을 다하는데 존 녹스는 종교 지도자라 그것에서 자유로웠나 봅니다. 메리 여왕은 그 때문에 속이 상해 많이 울기까지 했습니다. 결국 과부였던 메리 여왕은 1565년 4세 연하인 헨리 스튜어트와 재

메리 여왕을 힐난하는 존 녹스 | 윌리엄 파월 프리스 | 1844

혼을 하였습니다. 4촌 간의 근친혼으로 그는 흔히 단리 경으로 불립니다. 메리 입장에선 6살에 떠나 13년 만인 19살에 홀몸으로 돌아온 고국이 대내외적으로 이렇게 혼란스러우니 많이 떨리고 외롭기도 했을 것입니다.

엘리자베스, 위기의 연속

실제 역사에서도 그랬는지 모르지만 영화 〈메리, 퀸 오브 스코틀랜드〉에선 메리 여왕과 엘리자베스 여왕 간에 집요한 심리전이 펼쳐집니다. 마치 두 여인이 머릿속에 같은 탁구대를 놓고 공을 주고받듯이 핑퐁대전을 벌이는 것입니다. 물론 두 여왕이 모두 주연급이기에 계속 등장하게 하기 위해서도 연출자는 없는 역사도 만들어내야 했을 것입니다. 그녀들은 서로에게 인신모독성 발언을 서슴지 않으며 '내가 너보다 더 잘났다'는 우월 의식을 드러냅니다. 물론 그녀들이 만났던 적은 없으니 특정 사안을 놓고 편지와 사절을 통해서 일어나는 일이었습니다. 잉글랜드의 군주 엘리자베스 1세는 더 넓고, 더 강한 나라를 다스리고 있으니 그녀가 스코틀랜드의 메리에게 꿀릴 일은 없었습니다.

하지만 그녀는 혈통에 대한 콤플렉스가 있었습니다. 그녀는 헨리 8세의 6명의 왕비들 중 두 번째 왕비인 앤의 딸입니다. 흔히 '천일의 앤'으로 불리는 그 앤 불린입니다. 앤 왕비는 본래 첫 번째 왕비였던 캐서린의 시녀였습니다. 부인의 몸종을 그녀의 아버지인 헨리 8세가 범한 것입니다. 위의 수장령 발동으로 로마 교황청과 결별하면서까지 행해진 이혼과 결혼이었습니다.

스코틀랜드의 메리는 엘리자베스의 그 점을 물고 늘어집니다. 그녀가 천하의 잉글랜드 여왕이라도 모계는 낮은 신분이기에 한 수 아래로 깔본 것입니다. 메리 여왕은 튜더와 스튜어트 왕조의 피를 모두 가진 성골이기에 그랬습니다. 메리의 할머니는 잉글랜드에서 튜더 왕조를 개창한 헨리 7세의 딸인 마거릿 공주로 헨리 8세의 누나입니다. 그녀를 스튜어트 왕조인 스코틀랜드의 제임스 4세에게 정략결혼으로 시집을 보낸 것입니다. 그러니 메리의 피엔 잉글랜드와 스코틀랜드 두 왕가의 피가 모두 흐르고 있는 것입니다. 그 이야기는 엘리자베스 여왕 궐위 시 그녀가 잉글랜드의 군주 승계 1순위자라는 것입니다. 그러니 그런 관점에서만 보면 메리는 엘리자베스가 죽기를 바랐을 것입니다. 그러면 그녀는 영국의 통합 여왕이 될 가능성이 있었으니까요. 주지하다시피 엘리자베스 1세는 평생 결혼을 안 하고 살아서 버진 퀸으로 불렸습니다. 당연히 아들이든 딸이든 후사는 있을 수 없었습니다.

메리의 결혼과 결혼과 결혼

게다가 메리는 미모가 뛰어났습니다. 미의 나라 프랑스도 인정한 미모였으니까요. 메리 여왕 입장에선 결혼을 안 하는지, 못

파란만장한 인생을 산 비운의 여왕 메리 스튜어트 | 프랑수아 클루에 | 1550년대 후반

45년간 막강한 권력을 행사한 잉글랜드의 버진 퀸 엘리자베스 튜더

하는지 모를 엘리자베스 여왕에게 우월감이 있었을 것입니다. 반면에 엘리자베스는 천연두까지 앓아서 그 상처 자국을 가리고 자 하얀 분을 칠하고 다닐 정도였으니 여자로선 메리에겐 보이지 않는 열등감이 있었을 것입니다. 그녀가 천하의 잉글랜드 여왕이 라 하더라도 말입니다. 결국 메리 여왕은 평생 처녀로 산 엘리자 베스 1세와는 달리 세 번에 걸쳐 결혼을 합니다. 하지만 그래도 그녀는 결혼 기간보다 과부로 산 기간이 훨씬 길었습니다.

그런 와중에 메리 여왕은 두 번째 남편인 단리 경과의 사이에서 아들을 낳습니다. 메리의 콧대가 더욱 높아지는 순간이었을 것입 니다. 엘리자베스에게 절실한 것을 그녀가 가졌기 때문입니다. 이제 버진 퀸 엘리자베스가 사라지면 스코틀랜드는 물론 잉글랜 드의 왕위 서열 1위는 그녀의 아들 몫이 됩니다. 설사 그녀가 없 어져도 그녀의 분신인 아들이 왕이 되는 것입니다. 그리고 실제 로 그렇게 되었습니다. 두 여왕이 모두 죽은 후 그는 스코틀랜드 에선 제임스 6세였지만 잉글랜드의 콜을 받고 가서 제임스 1세 가 됐으니까요. 헨리 8세가 6번까지 결혼하며 그토록 천년만년 이어지기를 바랐던 튜더 왕조는 이렇게 그의 자녀들 세대에서 끝나게 됩니다. 그리고 그때부터 스코틀랜드에서 내려온 스튜 어트 왕조가 잉글랜드를 끌고 가게 됩니다.

메리 여왕이 제임스 1세를 출산한 것을 기념해 연도를 표기한 스코틀랜드의 에든버러성

메리 여왕의 남편인 단리 경은 아들을 낳은 지 1년 만인 1567년 화재로 죽습니다. 스코틀랜드 정가에선 이 죽음 배후에 메리 여왕이 있다고 의심을 합니다.

사실 메리는 우유부단한 남편을 그렇게 좋아하지 않았습니다. 영화 〈메리, 퀸 오브 스코틀랜드〉에선 단리 경은 동성애자에 찌질이 캐릭터로 등장합니다. 그 와중에 메리는 남편이 불에 타 죽은 그 해에 그녀의 경호대장 격인 보스웰 백작과 또 결혼을 합니다. 정치적으로 점점 더 고립되어 가는 상황에서 늘 자기 편이었던 그를 잡고픈 심경이 발동했을 것입니다.

메리, 도피

하지만 영화에서 그 결혼은 보스웰 백작의 강간에 의한 결혼으로 처리됩니다. 반대파의 음모에 의해서 말입니다. 이제 그녀에 대한 여론이 훨씬 더 나빠졌습니다. 매번 그녀를 비난해오던 종교 지도자 존 녹스는 이제 비난의 수위를 맥시멈으로 끌어올립니다. 여왕을 매춘부로까지 비난을 해대면서 말입니다. 그것엔 그녀의 미모도 작용했을 것입니다. 예쁜 여자는 그 미모가 여러 면에서 어드밴티지를 누리게 할지 몰라도 사생활 면에선 디스어드밴티지로 작용하니까요. 결국 그녀는 그해인 1567년 폐위되어 유배됩니다. 세 번째 남편인 보스웰 백작은 두 번째 남편인 헨리 스튜어트의 방화 사건의 용의자로 지목돼 스코틀랜드를 탈출해 그녀를 떠나갔습니다. 그리고 메리 여왕의 아들인 제임스 6세가 2세 나이로 스코틀랜드의 왕위에 올랐습니다.

메리 여왕은 그녀의 피신처로 잉글랜드를 선택합니다. 최초 시댁인 프랑스엔 연고가 없어졌으니 그래도 친족인 엘리자베스 1세 여왕에게 그녀의 신변보호를 요청한 것입니다. 이때 엘리자베스는 스코틀랜드 핸들링을 용이하게 하기 위해서라도 메리의 망명을 받아들였습니다. 그리고 유폐는 하였지만 그녀가 지내는 데에는 아무 문제가 없게 잘 보살펴 주었습니다. 그렇게 스코틀랜드의 여왕 메리는 19년간 잉글랜드에서 갇혀서 살았습니다. 하지만 그 기간 중에 메리에게 정치적 욕망이 살아났습니다. 더 늙기 전에 재기를 위해 꿈틀거린 것입니다. 하지만 그것은 그녀의 명을 재촉한 일이었습니다.

메리는 정통 카톨릭 국가인 스페인의 펠리페 2세와 연결이 됩니다. 당시 네덜란드 문제로 영국과 전쟁 중이었던 스페인은 잉글랜드를 침공해 엘리자베스 여왕을 끌어내리고, 그 자리에 메리를 여왕으로 앉히고, 펠리페 2세는 메리와 결혼도 하고⋯. 그럴 계획이었지만 실행은 되지 못했습니다. 결국 메리는 유배 중 음모인지 모를 역모까지 발각이 되어 사형이 언도됩니다. 영화에서 엘리자베스 여왕은 눈물을 머금고 그 사형을 허하는 결재를 합니다. 사형은 도끼로 뒷목을 내려치는 방법으로 거행되었습니다. 과거 엘리자베스 여왕의 엄마인 천일의 앤이 런던타워에서 죽었던 방법입니다. 그렇게 1587년 45세의 메리 여왕이 죽으며 영국은 두 여왕의 시대를 마감하고 한 여왕의 시대가 되었습니다. 엘리자베스는 그로부터 16년을 더 여왕으로 살다가 1603년 70세에 사망했습니다. 당시로는 천수를 누린 것입니다.

〈메리, 퀸 오브 잉글랜드〉 영화를 보며 이건 좀 아니다는 것들이 눈에 띄었습니다. 어차피 영화는 연출자의 창작물이니 픽션이 들어갈 수는 있지만 그래도 역사물의 경우는 반드시 논픽션으로 지켜줘야 할 것들이 있는데 그 선을 넘긴 것들입니다. 일단 언급했듯이 메리 여왕과 엘리자베스 여왕은 만난 적이 없습니다. 메리가 여왕 시절 스코틀랜드에 있을 때에도, 그리고 여왕에서 내려와 잉글랜드에서 19년간 살 때에도 그 둘은 실제로 만난 적이 한 번도 없다는 것입니다. 그런데 영화에선 둘 간의 상봉이 나옵니다. 그간 서신으로 라이벌 관계를 보이며 심리전을 고조시켜 온 두 여왕의 극적인 만남을 관객들에게 보여주고픈 감독의 서비스 정신이 발현된 것으로 보입니다. 모르지요 영화 속에서 남들 눈에 안 띄게 은밀하게 만난 것처럼 실제로도 그렇게 두 사람이 만난 적이 있었는지도요. 역사는 오로지 기록에 의존하니까요. 그녀들의 만남은 이 영화 훨씬 이전인 1834년 만들어진 도니제티의 오페라 〈마리아 스투아르다 Maria Stuarda〉에서도 볼 수 있습니다. 마리아 스투아르다는 메리 스튜어트의 이탈리아어 이름입니다.

그런데 그 두 사람은 서로 매우 보고 싶어 했을 것입니다. 엘리자베스가 9살 연상으로 둘은 5촌 사이였으니까요. 영화에서 제가 정말로 의아했던 것은 바로 이 부분이었습니다. 두 여왕의 사이가 4촌 자매로 등장하기에 그렇습니다. 메리는 엘리자베스 고모의 손녀입니다. 즉 고종사촌의 딸이니 둘 사이는 당고모와 조카 사이입니다. 하지만 영화에선 커즌과 시스터로 나옵니다. 라이벌 관계를 증폭시키기 위해 촌수 간 자격이 동등한 자매로 둔갑시킨 것일까요? 문제는 영화를 본 관객들이 역사적인 사실인 둘 간의 관계를 잘못 인지하게 된다는 것입니다. 허구가 비집고 들어가서는 안 되는 팩트를 건드린 것입니다. 모르지요, 이것 역시도 근친혼이 많았던 왕가였으니 다른 라인을 타고 가다 보면 4촌 관계가 나올지도요.

아들의 배신

끝까지 독실한 카톨릭교도였던 메리의 사형 소식에 분개한 스페인의 펠리페 2세는 영국과 전면전을 벌입니다. 가장 강한 격돌은 그녀가 죽고 1년 후인 1588년 프랑스의 칼레 앞바다에서 일어났습니다. 역사적인 전투가 된 그 해전에서 스페인은 그때까지 패배를 몰랐던 당시 세계 최강 무적함대가 격파당하는 수

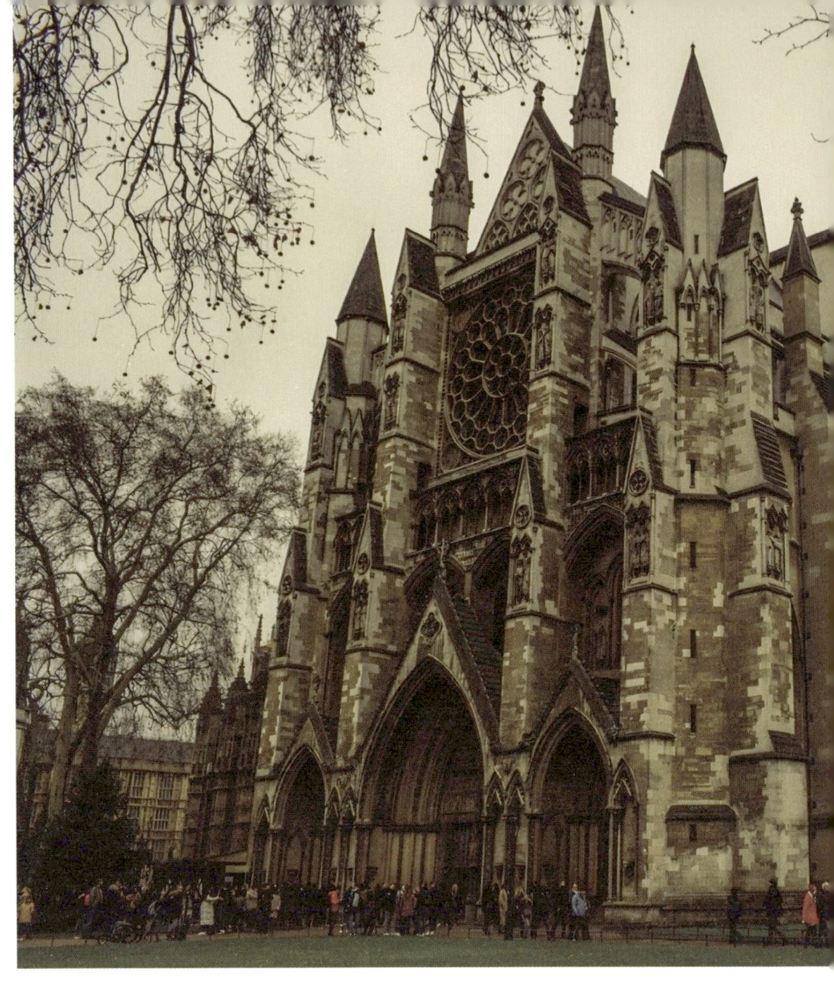

모를 겪게 됩니다. 1492년 스페인 통일 후 100년간 유럽을 지
배해오던 스페인의 대권이 영국으로 넘어가는 순간이었습니다.
엘리자베스 여왕은 당시 전장까지 직접 찾아가 군인들을 격려
했습니다. 이렇게 영국 부흥의 초석을 쌓은 그녀는 1603년 사망

살아선 단 한 번도 만난 적이 없는 메리 스튜어트와 엘리자베스 튜더가 함께 묻힌 런던의 웨스트민스터 사원

했습니다. 이어서 메리 여왕의 아들인 스코틀랜드의 제임스 6세가 그의 나이 37세인 1603년 잉글랜드의 제임스 1세로 변하여 화려하게 런던에 입성을 했습니다. 고모할머니에 이어 왕이 된 것입니다.

이렇게 튜더 왕조가 끝나고 스튜어트 왕조가 시작되면서 영국은 한 왕이 두 나라를 다스리는 동군연합 체제의 나라로 달라졌습니다. 실질적으로는 웨일스와 아일랜드도 이미 잉글랜드로 넘어온 상태였기에 제임스 1세는 네 나라를 다 다스렸습니다. 그는 각 나라 의회를 상대하느라 정신이 없었을 것입니다. 그리고 각 나라별로 다른 카톨릭, 성공회, 장로교 등의 종교 지도자들도 상대했을 것입니다. 그렇게 유나이티드 킹덤의 기틀이 그로부터 마련된 것입니다. 주지하듯이 그의 엄마는 비운의 여왕인 메리 여왕입니다. 그녀가 남긴 "나의 끝은 곧 나의 시작이다"는 말이 말대로 된 것입니다. 그녀가 넘겨준 스튜어트 가문의 피를 가진 아들이 영국 전체의 왕이 되었으니까요.

제가 다소 의아하게 생각한 것은 그렇다면 제임스 1세가 엄마의 복수를 해 그녀의 한을 풀어줄 법도 한데 그는 그렇게 하지 않은 것입니다. 그는 스코틀랜드에선 제임스 6세로, 잉글랜드에선 제임스 1세로 메리 여왕 생존 시 그녀를 억압한 자들에게 얼마든지 복수를 할 수 있었습니다. 시대가 바뀌고 왕이 바뀌면 보복의 피바람이 부는 것을 우리가 역사 속에서 숱하게 목도했듯이 말입니다. 우리 조선의 연산군의 예에서 보듯이 말입니다. 이런 의외성은 엘리자베스 여왕이 그가 스코틀랜드의 왕일 때 금전으로 도움을 주고 차기 잉글랜드의 왕까지 보장했기에 침묵한 것일 수도 있습니다. 또한 아버지인 단리 경을 죽인 혐의가 있는 메리 여왕이었으니 엄마의 불행에 대해선 외면했을 수도 있을 것입니다. 물론 제임스 1세가 엄마 밑에서 자라지 않아 모정이 없던 것도 작용했을 것입니다.

영국은 1707년 연합법에 의거 잉글랜드와 스코틀랜드가 의회를 통합하면서 완전히 한 나라가 되었습니다. 요즘 GB로 불리는 그레이트브리튼왕국의 탄생이며 본격적인 대영제국의 시대가 시작된 것입니다. 그 법을 통과시킨 군주도 여성인 앤 여왕이었습니다. 그래서 앤 여왕은 잉글랜드-스코틀랜드 동군연합의 마지막 군주이자 그레이트브리튼왕국의 초대 군주가 됩니다. 하지만 그녀 역시 후사가 없이 사망해 그녀는 메리 여왕이 영국 전체에 뿌린 스튜어트 왕조의 마지막 군주가 되었습니다. 메리 여왕의 묘지는 현재 스코틀랜드가 아닌 잉글랜드의 수도 런던의 웨스터민스터 사원에 있습니다. 그 무덤 옆엔 엘리자베스 1세의 무덤도 놓여 있습니다. 살아서는 단 한 번도 본 적이 없던 두 여왕이 죽어선 영원히 함께 하게 된 것입니다. 여왕의 전성시대, 메리 스튜어트와 엘리자베스 튜더의 이야기입니다.

왕위를 계승 중입니다, 아버지

메리와 명예혁명

명예엔 그에 필적할 만한 숭고한 가치가 앞서거나 뒤따릅니다. 그 명예가 세상을 뒤바꾸는 혁명이라면 더욱 그러할 것입니다. 하지만 1688년에 일어난 영국의 명예혁명에서도 과연 그랬었는지는 의문이 듭니다. 명예와는 정반대의 막장 드라마가 펼쳐졌으니까요.

물론 숭고하다 할 수 있는 시대적인 가치로 인해 유발되고 마감

된 사건이긴 했습니다. 그렇다고 피 한 방울 안 흘린 것이 혁명의 본질은 아닐 것입니다. 17세기 말 청교도혁명에 이어 일어난 명예혁명에 대해 알아봅니다.

순순히 물러나면 유혈사태는 없을 것입니다

가문의 명예를 훼손했다고 해서 그 당사자를 가문 내에서 살해하는 것을 명예살인Honour Killing이라고 부릅니다. 사법부의 판단이 아닌 가문의 판단으로 그 구성원이 직접 처형을 거행하는 것입니다. 이때 피해자는 그 집안의 딸인 경우가 많습니다. 명예살인은 주로 성性과 정조 문제와 관련하여 발생되기에 그렇습니다. 그래서 그런 딸을 참을 수 없는 아버지와 아들이 합작해 그런 끔찍한 일을 벌이는 것입니다. 그들 기준엔 천금 같은 자식보다 그 낡고 비뚤어진 명예가 더 중요하다고 생각해서 그런 일을 벌일 것입니다. 이런 후진적인 명예살인은 여권 의식이 낮은 인도, 파키스탄, 방글라데시나 중동의 국가들에서 오늘날에도 종종 발생하곤 합니다.

명예는 혁명도 일으키게 했습니다. 1688년 영국에서 일어난 명예혁명입니다. 혁명이란 이름이 거창하게 붙는 이 혁명은 과연 누구의 명예를, 또는 무슨 명예를 지키기 위해 일어났을까요? 혁명급 명예이니 대단한 명예일 것입니다. 하지만 실상은 그렇지 않았습니다. 명예혁명은 한마디로 딸과 사위가 작당하여 아버지인 왕을 몰아내고 그 부부가 함께 왕위에 오른 사건입니다. 그런 사건에 역사는 명예혁명이란 아주 영광스러운 이름을 붙여주었습니다. 군주의 힘이 절대적이었던 시대에 현역 왕인 아버지를 끌어내리고, 딸과 사위가 왕좌에 오른 엄청난 사건이 너무나도 순조롭게 진행이 되어 응당 있을 법한 양자의 유혈 사태가 없어서 이런 이름이 붙었습니다. 그러고 보니 명예혁명은 원제가 영광혁명 Glorious Revolution 입니다. 그런 부도덕한 사건에 명예이든 영광이든 온당하지 않은 이름이 붙은 것입니다. 막장혁명이라면 모를까요.

아버지가 딸에게 버림받는 것은 그 이전 60년 전 셰익스피어가 펴낸 〈리어왕〉을 연상하게 하고, 유혈 사태 없이 왕좌를 넘겨준 것은 1392년 조선 건국 시 고려의 마지막 임금인 공양왕과 태조 이성계를 떠오르게 합니다. 또한 유혈 사태 없는 권력 이양은 일본의 메이지유신 시 도쿠가와 막부의 최고 권력자 쇼군이 천황에게 권력을 돌려준 1867년의 대정봉환과도 유사합니다. 마지막 쇼군인 도쿠가와 요시노부는 교토의 니조성에서 중신들과 회의

명예혁명의 시작, 영국 토베이에 상륙하는 오렌지 공과 네덜란드 병사들 | 요한 헤르만 이싱스
| 1900년경

를 거쳐 264년간 이어온 그 가문의 권력을 어린 메이지 천황에게 넘겨주기로 결정했습니다. 진정 쿨가이였던 그였습니다.

하지만 이 두 경우는 권력의 주체가 바뀐 혁명이었지만 영국의 명예혁명은 같은 스튜어트 왕조 내에서의 권력 이양이었습니다. 이 막장 드라마의 주인공은 아버지는 제임스 2세, 딸은 메리, 그리고 사위이고 남편은 오렌지 공이라 불린 네덜란드 총독이었습니다. 혁명 성공 후 그들 부부는 메리 2세와 윌리엄 3세로 공동 왕위에 올랐습니다. 이 혁명에서 조연은 왕을 저버리고 딸과 사위 편에 선 의회였습니다. 그들이 연합해서 제임스 2세를 왕좌에서 끌어내린 것입니다.

찰스 2세의 이중생활

혁명의 이유는 통상적인 왕의 폭정과는 달리 종교 문제였습니다. 제임스 2세는 재위 기간이 3년(1685~1688)에 불과해 의회와 국민이 신음을 낼만한 폭정을 휘두를 만한 시간도 주어지지 않았습니다. 1534년 헨리 8세의 수장령으로 개신교 국가가 된 잉글랜드였지만 이후 왕들이 바뀔 때마다 카톨릭과의 갈등이 이어졌었는데 100년 넘게 이어온 이 갈등과 분쟁이 명예혁명으로 대폭발한 것입니다. 그리고 결론은 개신교로 완전히 정리가 되었습니다. 이렇듯 명예혁명은 잉글랜드의 종교전쟁이고 종교혁명이었습니다. 피 한 방울 안 흘렸다는 것이 혁명의 본질은 아닐 것입니다. 위의 조선 건국과 메이지 유신에 명예란 이름이 어울리지 않듯이 말입니다. 그리고 그 혁명의 결과로 조연이었던 의회가 거둔 부수적인 성공이 있었습니다. 그때부터 비로소 진정한 영국의 의회민주주의가 시작된 것입니다. 왕과 의회와 국민의 관계가 정확히 정리되었습니다.

그 이전 올리버 크롬웰이 청교도혁명의 승리로 세운 잉글랜드 공화국(1649~1660)은 그가 죽자마자 무너지고 찰스 2세로 왕정이 복고되었습니다. 찰스 2세는 25년(1660~1685) 동안 통치를 했는데 그 기간 잉글랜드, 특히 런던에선 커다란 비극이 연이어 발생했습니다. 흑사병(1665)이 창궐해 많은 사람이 죽었고, 런던 대화재(1666)가 발생해 온 도시가 초토화되었습니다. 하지만 그런 대재난이 잇따라 터지면서 런던은 새로운 모습으로 탈바꿈되어 갔습니다. 런던의 80%를 날려 보낸 대화재로 흑사병은 사라졌고, 그 잿더미 속에서 런던은 오늘날과 같은 세련된 도시로 리뉴얼되었으니까요. 하지만 그때까지도 완전히 정착되지 않은 신흥 국교인 개신교와 카톨릭의 갈등은 계속 이어졌습니다.

찰스 2세는 프랑스 공주였던 엄마의 영향과 크롬웰 집권 시 왕자의 신분으로 카톨릭 국가인 프랑스로 피신을 가 있었던 영향으로 카톨릭에 호의적이었습니다. 그래서 의회는 그런 찰스 2세를 견제하고자 카톨릭교도는 공직에 나갈 수 없는 반카톨릭법인 심사율Test Act(1673)을 통과시켰습니다. 하지만 찰스 2세는 사망 시

성공회 사제의 종부성사를 거부하고 카톨릭 사제 곁에서 죽음을 맞이할 정도로 카톨릭에 진심이었습니다. 영국의 국교는 개신교인 성공회인데도 말입니다. 동생인 요크 공작은 그런 형의 마음을 알고 왕궁 뒷문으로 카톨릭 사제를 불러들여 형이 편안하게 죽을 수 있도록 도와주었습니다. 그는 카톨릭에 더 호의적이었으니까요.

역모의 시작

그 동생이 바로 찰스 2세의 후임인 제임스 2세입니다. 난잡한 여자 문제로 유명했던 찰스 2세가 후사가 없이 죽어 동생인 제임스가 왕위에 오른 것입니다. 잉글랜드의 제임스 2세는 스코틀랜드에선 제임스 7세가 됩니다. 잉글랜드는 처녀 여왕인 엘리자베스 1세가 후사 없이 죽자 튜더의 피가 외가 쪽으로 섞인 메리 여왕의 아들인 스코틀랜드의 제임스 6세를 잉글랜드의 제임스 1세로 즉위시켰습니다(1567). 스튜어트 왕조의 시작입니다. 그 할아버지의 이름을 이어받은 그가 제임스 2세이자 제임스 7세가 된 것입니다. 그렇다고 해서 당시 잉글랜드와 스코틀랜드가 국가나 의회까지 통합된 것은 아니었습니다. 두 국가를 한 왕이 다스린 것입니다.

명예혁명으로 딸과 사위에 의해 쫓겨난 비운의 왕 제임스 2세(1633~1701)

제임스 2세는 1685년 즉위하자마자 국교인 성공회를 강화해 확고한 개신교 국가가 되겠다고 약속했습니다. 그래서 왕당파인

토리당의 의원을 성공회교도들로 채웠습니다. 그래서 의회와 사이가 좋았습니다. 하지만 그는 곧바로 카톨릭에도 우호적인 정책을 폈습니다. 사실 그보다는 어느 종교든 상관없이 잉글랜드에서 신앙의 자유를 허용했다는 것이 보다 정확한 표현일 것입니다. 그런데 이런 그의 관용성이 문제가 되었습니다. 선왕인 찰스 2세 때 제정한 심사율을 무시하고 카톨릭교도들을 공직에 앉히니 의회가 반발한 것입니다. 제임스 2세는 심사율 폐지를 추진하고 카톨릭교도들과 비성공회 개신교 신자들과 함께 양심의 자유 선언을 하기도 했습니다. 그리고 케임브리지와 옥스퍼드 대학의 학장에 카톨릭교도를 앉히려고까지 했습니다.

그 와중에 제임스 2세는 55세인 1688년 늦둥이 왕자를 출산했습니다. 왕자의 탄생은 의회에 대단한 위협으로 받아들여졌습니다. 갓난아기라도 그가 왕위 승계 서열 1위가 되기 때문이었습니다. 당시 의회는 장성한 두 딸인 메리와 앤이 모두 개신교도라 그녀들이 왕위에 오르기만을 기다리며 늙은 제임스 2세의 친 카톨릭 정책을 참고 있던 것이었는데, 어리고 창창한 카톨릭교도 왕이 다시 출현할지도 모른다는 불안감에 휩싸이게 된 것입니다. 왕위 서열 1위인 메리가 2위로 밀려났으니까요. 의회는 무언가 행동을 해야 했습니다. 마침내 그간 서로 반목해오던 왕

명예혁명으로 아버지를 몰아내고 왕좌에 오른 메리 2세(1662~1694) | 고드프리 넬러 | 1690

당파인 토리당과 의회파인 휘그당이 서로 손을 잡았습니다. 역모가 시작된 것입니다.

당시 세임스 2세의 큰딸 메리는 26세로 바다 건너 네덜란드의 총독인 오렌지 공과 결혼을 한 상태였습니다. 잉글랜드의 의회는 이 부부와 뜻을 같이 하기로 결정했습니다. 동맹을 맺고 카톨릭교도인 제임스 2세를 몰아내기로 합의한 것입니다. 나쁜 딸이고 나쁜 사위입니다. 특히 딸이 더 그래 보였습니다. 같은 혈육인 친부를 왕위에서 쫓아내고, 남동생의 미래 왕위를 빼앗는 것이었으니까요. 마침내 오렌지 공이 지휘하는 네덜란드의 전함이 잉글랜드에 상륙했습니다.

초창기 제임스 2세는 승리를 확신했습니다. 그는 강국인 잉글랜드와 스코틀랜드의 군주였으니까요. 그에겐 의회의 반대를 무릅쓰고 조직한 상비군도 있었습니다. 또한 강력한 카톨릭 국가인 프랑스가 도와주겠다고까지 했습니다. 하지만 나중에 빛 청산을 우려한 제임스 2세는 그 제안을 정중히 거절했습니다. 이렇듯 제임스 2세는 관용성에 순수함까지 갖춘 군주였습니다. 세상이 어떻게 돌아가는지 잘 몰랐던 것입니다. 잉글랜드 내에서 그의 편은 갈수록 줄어만 갔습니다. 의회는 물론 지방의 세력가

명예혁명으로 장인을 몰아내고 영국의 왕이 된 더치맨 윌리엄 3세(1650~1702) | 고드프리 넬러 | 1680년대

들도 하나둘씩 오렌지 공의 지지를 선언했습니다. 그만큼 개신교의 힘이 커진 탓일 것입니다.

여왕 만세!

결국 신변에 위협을 느낀 제임스 2세는 프랑스로 도주를 하였습니다. 그다음 날 비어 있는 궁전에 입궁한 오렌지 공과 메리는 의회의 열렬한 환영을 받았습니다. 그들은 확실한 개신교도였으니까요. 이어서 그 부부는 윌리엄 3세와 메리 2세라는 이름으로 잉글랜드의 공동 군주로 취임하였습니다(1689). 동시에 그들을 왕위에 오르게 한 의회는 지속적인 충성의 대가로 왕의 권리를 제한하고 의회와 국민이 누리는 자유와 권리를 명시한 문서를 왕에게 디밀었습니다. 권리장전 Bill of Rights 입니다. 영국 최초로 왕의 권리와 의무를 명시한 마그나카르타(1215), 청교도혁명 시기 제정된 권리청원(1628)과 함께 영국의 의회민주주의를 상징하는 마지막 계약서가 작성이 된 것입니다. 이렇게 명예혁명은 완수되었습니다. 종교적인 갈등은 사라지고 정치적인 안정까지 이룬 혁명이 완수된 것입니다. 그래도 그 과정에서 피를 한 방울도 안 흘리지는 않았을 것입니다.

윌리엄 3세의 즉위는 흡사 1066년 잉글랜드에 노르만 왕가를 연 선조인 정복왕 윌리엄 1세를 떠올리게 합니다. 둘 다 모두 대륙에서 건너와 외국인 신분으로 잉글랜드를 접수했고, 왕명도

공동왕에 오른 윌리엄 3세와 메리 2세에게 권리장전에 서명을 요구하는 의회(1689)

공교롭게 같은 윌리엄을 썼기 때문입니다. 하지만 윌리엄 3세와
메리 2세는 후사가 없었기에 그다음 왕은 쫓겨간 제임스 2세의

둘째 딸인 앤 여왕에게로 넘어갔습니다. 윌리엄 3세 부부 중 메리 2세는 취임 5년 후인 1694년에 죽었고, 윌리엄 3세는 8년을 더 살아 1702년까지 단독으로 왕위에 있었습니다. 이렇듯 아버지인 제임스 2세는 선왕인 찰스 2세와 형제로 왕위를 이어갔고, 그의 딸인 메리 2세와 앤 여왕은 자매로 왕위를 이어갔습니다. 재미있는 영국의 역사입니다.

1순위 계승권자, 왕세자 스튜어트

명예혁명은 완수되었지만 그 후유증은 상당 기간 이어졌습니다. 프랑스로 도주한 제임스 2세의 복권운동이 계속해서 일어났기 때문입니다. 그의 복권은 네덜란드에서 건너온 오렌지 스튜어트 왕가로 바뀐 잉글랜드에 정통 스튜어트 왕가의 재입성을 의미합니다. 이렇게 제임스 2세를 지지하는 사람들을 자코바이트Jacobite라 불렀고, 그들이 일으킨 복권 운동은 자코바이트의 난Jacobite risings(1688~1746)이라고 불렀습니다. 카톨릭 군주였던 제임스 2세의 지지 세력이기에 그들은 주로 카톨릭교도였습니다. 자코바이트의 난은 잉글랜드 국내는 물론 스코틀랜드와 아일랜드, 그리고 프랑스의 카톨릭교도까지 참여하였습니다. 혁명 과정엔 피가 없었다지만 혁명 결과가 많은 피를 부른 종교전쟁이었던 것입니다. 자코바이트는 우리가 흔히 야곱이라 부르는 제임스James 2세의 라틴어 이름인 야코부스Jacobus에서 유래합니다. 1701년 제임스 2세가 프랑스에서 한을 품은 채 죽었어도 자코바이트의 난은 계속해서 이어졌습니다. 정통 스튜어트 가문의 씨앗이 여전히 살아있기 때문이었습니다. 위에서 언급한 제임스 2세의 늦둥이 아들인 프랜시스 에드워드, 그리고 또 그의 아들인 찰스 에드워드 대까지 그 난은 이어졌습니다. 최종적으로 자코바이트의 난은 조지 2세 때인 1746년 컬로든 전투에서 자코바이트가 패배함으로써 완전히 종식되었습니다. 그 사이 영국의 왕가는 스튜어트 왕가에서 독일계인 하노버 왕가로 완전히 넘어간 상태였습니다. 제임스 2세의 둘째 딸인 앤 여왕도 후사를 남기지 못했기 때문입니다.

저는 영국사에서 이 부분이 조금 이해되지 않습니다. 메리 2세도, 앤 여왕도 후사가 없으면 본래 왕위 서열 1위였던 정통 스튜어트 가문의 적자인 제임스 2세의 아들에게 왕위를 넘겨주면 되는데 그렇게 하지 않은 것입니다. 보듯이 왕세자인 프랜시스 에드워드가 버젓이 살아있었는데 말입니다. 대신 힘겹게 족보를 찾아 올라가 보헤미아로 시집간 찰스 1세의 누나 손자인 외국인인 조지 1세에게 왕위를 계승시켜 새로운 하노버 왕가가 시작

스튜어트 왕가의 적자이지만 명예혁명으로 왕위에 오르지 못한 제임스 프랜시스 에드워드 (1688~1766). 엄마는 제임스 2세의 둘째 왕비인 메리 | 베네데토 제나리 | 1690년대

되게 하였습니다. 아무리 제임스 2세가 싫다 하더라도 우리 역사에서도 보듯이 미운털이 박힌 사도세자는 왕이 되지 못했어도 적손인 그의 아들 정조는 왕이 되었는데 말입니다. 이유는 종교 문제 때문일 것입니다. 58년간 지리멸렬하게 이어진 자코바이트의 난에서 보듯이 잉글랜드는 카톨릭의 부활을 절대적으로 원치 않은 것이었습니다.

자코바이트 난의 끝 컬로든 전투(1746) | 데이비드 모리에 | 1746-1765

이렇게 영국은 17세기 중기와 말기 청교도혁명과 명예혁명 등 2개의 혁명을 거치며 정치적인 안정과 사회적인 안정을 이루게 되었습니다. 보듯이 그 두 혁명엔 종교 문제가 깊게 개입되어 있었고 이후에도 자코바이트의 난 등으로 종교가 개입된 후유증을 치러야 했습니다. 하지만 그렇게 이룬 안정성을 바탕으로 그다음 영국의 18세기는 문명과 물질의 혁명인 산업혁명의 시대가 도래하였습니다. 세계 최강의 대영제국으로 올라선 것입니다.

청교도혁명은 이 책에 쓴 '왕 목도 잘라봐야지'이란 글에서 그 내용을 소개하였습니다. 하지만 별개로 그 글에서도 밝혔듯이, 그리고 이 글에서도 밝히고 있듯이 이 두 혁명의 이름은 저 개인적으로는 불만이 있습니다. 붕어빵에 붕어가 없듯이 청교도혁명엔 청교도가 없고 명예혁명엔 명예가 없어서 그렇습니다. 있다 하더라도 아주 미미하게 있어서 그렇습니다. 청교도혁명은 그 이름보다는 잉글랜드 내전으로, 명예혁명은 왠지 잉글랜드 종교전쟁으로 불리는 것이 더 타당하고 정확해 보입니다. 실제로 청교도혁명은 영국사에선 잉글랜드 내전으로 더 많이 불리고 있습니다. 서양사를 먼저 받아들인 일본의 역사가들이 그렇게 번역을 해서 우리도 그렇게 부르고 있을 것입니다.

명예혁명 후 잉글랜드는 1707년 앤 여왕 때 연합법에 의거 스코틀랜드를 통합하고 그레이트브리튼(GB) 왕국이 되었습니다. 그리고 1801년 조지 3세 때엔 역시 같은 프로세스인 연합법에 의거 아일랜드까지 통합하며 유나이티드킹덤(UK)이 되었습니다. 웨일스는 그 이전인 13세기 초부터 독립된 왕국이 아닌 공국으로 잉글랜드 왕세자의 지배를 받다가 헨리 8세 때인 1542년 잉글랜드에 완전히 편입된 상태였습니다. 그 후 예나 지금이나 정통 카톨릭 국가인 아일랜드는 잉글랜드와 스코틀랜드 이주민이 많이 살아 개신교가 강세였던 북부 아일랜드 지역을 제외하고, 치열한 투쟁 끝에 1921년 독립하여 왕이 없는 공화국이 되었습니다. UK에서 빠지고, 영연방국가에서도 탈퇴한 완전한 독립국이 된 것입니다. 이렇듯 영국(UK)은 역사적으로 많은 이합집산 속에 오늘에 이르고 있습니다. 보듯이 그 변화엔 종교가 가장 중요한 팩터로 작용했습니다.

전설이 된 반역자들

런던탑의 여인들

앤 불린

런던의 명물 런던타워엔 정작 탑이 없습니다. 있지만 탑스럽지 않아 잘 안 보여서 그렇습니다. 그래서 그 탑엔 관광객을 위한 전망대도 없습니다. 대신 런던타워는 많은 다른 용도로 사용되어 왔습니다. 그렇게 잉글랜드, GB, UK로 이어온 영국 역사의 주요 순간에 등장한 것입니다. 특히 런던타워가 영국 왕조의 시조인 노르만 왕조 때부터 존재한 것은 의미가 크다고 하겠습니다.

역사만큼이나 고색창연한 런던의 명물 런던타워

런던타워를 세운 정복왕 윌리엄 1세 때의 역사와 그 탑을 가장
많이 애용한 헨리 8세 때의 희생자들에 대해 알아봅니다.

런던 첫 입성

제 생애 유럽의 첫 방문지는 영국의 런던이었습니다. 그곳은 제가 어린 시절부터 지도책과 역사책을 보며 가장 가고 싶은 나라와 도시였습니다. 1995년 3월 회사에서 출장으로 간 것이었습니다. 업무용 출장이라고는 하지만 당시는 1993년 김영삼 대통령이 집권하며 표방했던 '세계화'란 기치하에 기업들이 앞다투어 임직원들을 해외로 내보내던 시절이었습니다. 그래서 세계를 배우는 일이라면 개인의 어학연수는 물론 배낭여행도 회사에서 보내주었습니다. 정부의 정책에 적극 호응한 것입니다. 물론 그만큼 기업들이 매년 두 자릿수 이상의 고도성장을 하여 그런 시도들이 문제없던 시절이었습니다. 88서울올림픽 후 1989년 해외여행 자유화가 되면서 바야흐로 대한민국은 그렇게 대망의 2천년대를 맞아 곧바로 선진국으로 가는 것처럼 보였습니다. 하지만 세계화의 종착지는 선진국이 아니라 IMF였습니다. 샴페인을 너무 빨리 터뜨린 것이었습니다.

제가 재직했던 두산그룹의 광고회사 오리콤에선 세계화 프로그램들 중의 하나로 'B&B'라는 프로젝트도 시행했습니다. Best Creative & Best Tour의 약자로 기억됩니다. 사내에서 4인 1조로 선발된 몇 개의 팀이 10일간 세계 각지로 떠나서 사전에 정한 세계화 임무를 수행하고 오는 프로젝트였습니다. 제가 속한 팀이 정한 미션은 영국의 맥주 시장에 대한 자료 수집과 분석이었습니다. 두산그룹이 주력 계열사로 OB맥주(동양맥주)를 보유하고 있던 시대라 연관성 있는 과제를 정했고, 그래서 런던으로 향한 것이었습니다.

런던에 도착해서는 오리콤과 합작한 다국적 광고회사 DYR Korea를 통해 사전에 어레인지한 런던의 DYR UK를 방문해 영국 맥주 광고 담당자들을 만났습니다. 단 하루 딱 한 번의 미팅을 가졌습니다. 미션 클리어! 그리고는 이틀을 더 런던에서 보내고 도버해협을 건너 벨기에, 스위스, 독일, 네덜란드를 여행하고 귀국했습니다. 세계화를 제대로 경험하기 위해 본래의 계획보다 훨씬 더 확장된 생생한 연수를 하고 돌아온 것이었습니다. 물론 각 나라의 다양한 맥주들과 함께 말입니다.

런던탑에는 탑이 없다?

30년 전의 일을 기억하고 있는 것입니다. 런던에서 과제를 일찌감치 끝낸 우리 일행은 곧바로 시내 관광, 아니 연수에 들어갔습니다. 역시나 런던답게 비가 조금 뿌리는 그날이 무슨 날이었는지는 모르겠으나 시내엔 마라톤이 열려 교통이 통제되고 있었습니다. 우리 일행은 영화에서나 보던 지붕 높은 택시를 타고 런던타워로 향했습니다. 런던 하면 떠오르는 그곳을 우선적으로 간 것입니다. 그런데 도착지인 그곳에 그 탑은 보이지 않았습니다. 템스강은 바로 앞에 있고, 그 강을 따라 런던의 또 다른 명물인 타워브리지는 보이는데 런던타워는 당최 찾을 수가 없던 것이었습니다. 서울에 있는 남산타워를 생각하며 하늘 높이 솟은 런던타워를 찾으니 그 탑이 보일 리가 없던 것이었습니다. 초행이지만 가이드가 있던 것도 아니고, 인터넷은 물론 안내 서적도 마땅치 않던 시절의 이야기입니다.

이것은 런던타워를 사전 정보 없이 가면 누구든 가질 수밖에 없는 당혹스러움일 것입니다. 런던타워는 우리 머릿속에 있는 탑의 전형과는 거리가 머니까요. 강가에 웬 오래된 성 같은 것이 하나 보일 뿐입니다. 타워라면 대개 꼭대기에 설치되어 있는 전망대도 없습니다. 근처 템스강의 타워브리지엔 전망대가 있는데 말입니다. 런던타워가 높지 않으니 전망 뷰가 안 나와서 그럴 것입니다. 그런데도 11세기 말 최초 건립 시 타워라는 이름이 붙여져 지금까지도 그렇게 부르고 있는 것입니다.

하지만 당시엔 런던타워가 런던에서 가장 높은 건축물이었습니다. 1078년 가장 먼저 세워진 28m의 화이트타워가 바로 그 건축물입니다. 그 타워 주변으로 부속 건축물들이 지어지고 외곽으로 성벽을 쌓으면서 어느 시점 전체를 가리키는 런던타워가 된 것입니다. 현재 모습의 런던타워는 헨리 8세 시절인 1547년에 완성되었습니다. 그러고 보니 헨리 8세와 왠지 잘 어울려 보이는 런던타워입니다.

정복자의 시작

런던타워의 최초 건축자는 정복왕이라 불리는 윌리엄 1세William the Conqueror입니다. 그는 바다 건너 오늘날 프랑스 땅인 노르망디의 공작이었습니다. 당시 노르망디는 북쪽 바이킹의 침략에 넌더리가 난 프랑스가 그 지역을 떼어줘 공작이 다스리는 공국이었습니다. 프랑스 왕에게 충성을 하는 조건으로 먹고 떨어지라고 준 땅이었던 것입니다. 그곳을 4대째 지배해오던 윌리엄 공작이 1066년 잉글랜드를 침공하여 당시 왕이었던 헤럴드 2세를 물리치고 잉글랜드를 접수했습니다. 그러면서 그는 프랑스 왕의 신하임과 동시에 잉글랜드의 왕이 되었습니다. 물론 그에겐 침략의 명분이 있긴 했습니다. 잉글랜드의 선왕이었던 에드워드 왕이 윌리엄 공작을 모후의 친척이라는 이유로 왕위 계승자 중 한 명으로 지명했다고 하니까요.

영국 왕조의 시조인 노르만 왕조의 정복왕 윌리엄 1세(1028~1087) | 작자 미상 | 1600년경

1066년 윌리엄 1세가 연 왕조는 그가 온 곳의 이름을 따 노르만 왕조라고 불립니다. 그가 영국(잉글랜드)의 왕이 되면서 오늘날까지 이어 내려오는 영국(UK) 왕조의 시조가 된 것입니다. 그것은 이후 오늘날 윈저 왕조까지 내려오며 아들 부재로 여왕이 즉위해 플랜태저넷, 튜더, 스튜어트 등으로 왕조가 바뀌어도 그들 왕이나 여왕에겐 선조인 윌리엄 1세의 피가 미약하나마 들어가 있다는 것을 의미합니다. 보듯이 영국을 비롯한 유럽의 왕조들은 선대 왕이 후사를 남기지 않고 죽을 경우, 철천지원수라 하더라도 피가 한 방울이라도 섞여 있는 자가 있다면 그(그녀)를 찾아내어 그들의 차기 왕으로 즉위시켰습니다. 처녀왕인 엘리자베스 1세 사후 스코틀랜드의 왕인 제임스 6세가 잉글랜드의 제임스 1세가 된 것이 바로 그런 예입니다. 그의 엄마인 스코틀랜드의 메리 여왕과 잉글랜드의 엘리자베스 1세는 숙적이었는데도 말입니다. 그렇게 잉글랜드의 튜더 왕조는 끝나고 스코틀랜드의 스튜어트 왕조가 잉글랜드의 안방으로 들어왔습니다.

노르만 왕조를 연 윌리엄 1세는 잉글랜드 내에 그의 권력 기반을 공고히 하기 위해 여러 성을 쌓았습니다. 외부인 프랑스에서 온 침략자이다 보니 로마제국 철수 후 7개 왕국을 통일하며 잉글랜드를 세운 원주인 앵글로색슨족의 반발을 막기 위함이었습

1078년 정복왕 윌리엄 1세가 건립한 런던타워의 최초 건축물 화이트타워

니다. 그렇게 쌓은 성들 중 하나가 런던타워의 원조인 화이트타워였습니다. 과거 로마제국 시절엔 론디니움이라 불리고, 오늘날은 시티라고 불리는 오리지널 런던이 강 건너로 내려다 보이는 곳에 세운 요새였습니다. 윌리엄 1세는 그곳을 그의 거처로 삼았습니다. 즉, 런던타워는 영국 왕조의 시조인 노르만 왕조의 왕궁이었던 것입니다. 이후 여러 왕조를 거치면서 웨스트민스터, 화이트홀궁, 버킹엄궁, 윈저궁 등으로 로열 팰리스는 이전되었습니다.

정복왕 윌리엄 1세는 1085년 잉글랜드의 토지 현황을 상세히 조사한 《둠스데이 북》을 펴내 토지는 물론 당시 잉글랜드의 인구와 경제, 조세 등 모든 자산을 상세히 파악했습니다. 그리고 잉글랜드 전통 귀족들의 토지를 몰수하여 그를 따라온 노르망디의 가신들에게 그 토지를 나눠주었습니다. 지배를 공고히 하기 위해 왕조는 물론 사회 지배층까지 그의 족속으로 바꾼 것입니다. 이것은 흡사 성사는 되지 않았지만 일본의 도요토미 히데요시가 1592년 조선을 침략하며 휘하 다이묘들에게 조선 땅을 봉토로 하사하려 했던 우리 역사를 떠올리게 합니다. 대륙에서 섬을 침공했다는 점은 우리완 반대입니다.

왕조와 지배층이 바뀌면서 잉글랜드의 상류 사회는 프랑스화되어갔습니다. 귀족들은 프랑스어를 사용하고 프랑스 예법이 유행했습니다. 윌리엄 1세는 정복왕답게 그렇게 잉글랜드를 완전히 그의 손아귀에 넣었습니다. 그 브리튼 섬에 기원전 55년 두 번이나 상륙했으면서도 전면적인 정복을 유보했던 최고의 로마인도 이루지 못한 일을 그는 순식간에 해낸 것입니다. 율리우스 카이사르는 생전에 오늘날 프랑스인 갈리아는 정복했지만 오늘날 영국인 브리타니아는 정복하지 못했습니다. 이후에도 로마제국은 4백 년에 걸쳐 계속해서 정복 사업을 벌였지만 끝내 북부인 스코틀랜드까지는 정복하지 못했습니다. 그곳까지 밀려간 당시 브리튼 섬의 원주인인 켈트족의 저항이 워낙 거세어서였습니다. 물론 윌리엄 1세의 정복 과정에서 잉글랜드의 혼란과 희생은 필연적이었습니다. 많은 앵글로색슨족 원주민들이 죽어 나갔습니다.

런던타워 흥행의 주역, 헨리 8세

런던타워는 우리에겐 무엇보다 감옥으로 널리 알려져 있습니다. 그 타워에서 영국 역사의 많은 인사들이 갇혔고 고문과 처형을 당했기 때문입니다. 그런 런던타워는 일반인은 갈 수 없는 감옥이었습니다. 귀족과 왕족을 위한 감옥이었던 것입니다. 요즘 우리 은어로 범털들만 가는 곳이었습니다. 그들 중엔 위에서 런던타워와 잘 어울려 보인다고 한 헨리 8세 시대의 인사들이 유독 돋보입니다. 헨리 8세가 워낙 그곳을 많이 애용했기 때문입니다. 특히 그들 중에서 두 번째 부인이었던 앤 불린은 런던타워를 가장 빛내주는 인물로 기억되고 있습니다. 그녀는 헨리 8세에게 버림을 받아 런던타워에 갇혔고 참수를 당했습니다. 그와 결혼 생활을 하며 왕비로 살았던 기간을 칭하는 영화 〈천일의 앤〉으로 더욱 알려진 그녀입니다.

런던타워의 안주인과도 같은 상징적인 인물이 된 앤 불린(1501~1536)

앤 불린의 미모에 반해 그녀와 결혼하기 위해 당시엔 불가능했

던 이혼을 이루어 낸 헨리 8세였지만 그들의 사랑은 3년을 넘기

지 못했습니다. 간통과 근친상간의 누명을 씌워 그녀를 런던타
워에 가둔 것입니다. 그녀가 아들을 못 낳은 죄도 있지만 그녀의
시녀였던 제인 시모어란 새 여자가 헨리 8세의 눈에 띄었기 때
문입니다. 런던타워에 갇힌 앤 불린은 '런던타워의 쓸쓸한 감방
에서'란 편지를 써서 헨리 8세의 마음을 움직여 보려고도 했습
니다. 하지만 그녀의 목을 내리친 헨리 8세의 칼을 피해 갈 수는
없었습니다.

앤 불린의 순조로운 처형을 위해 바다 건너 칼레에서 능숙한 사
형 집행인이 런던타워로 출장을 왔습니다. 본래 마녀처럼 화형
으로 죽이려 했던 것을 그나마 헨리 8세가 내려준 죽음의 은사
였습니다. 헨리 8세는 런던타워에서 앤의 사형이 집행되었음을
알리는 대포 소리가 울리자 기분이 좋아져 개들을 끌고 사냥을
나갔습니다. 그리고 다음 날 제인 시모어와 세 번째 결혼식을 올
렸습니다. 런던타워 잔디밭 위에 목과 몸이 분리된 앤 불린의 시
신은 낡은 상자에 넣어져 예배당 지하로 치워졌습니다(《영국사
산책》 | 찰스 디킨스 지음 | 옥당 출판사).

대법관에 임명될 정도로 헨리 8세의 신임을 받았으나 첫 부인인
아라곤의 캐서린과의 이혼을 반대해 결국 1535년에 처형된《유

서양사에서 난봉꾼의 상징적인 인물이 된 헨리 8세(1491~1547) | 한스 홀바인 | 1540-1547

토피아》의 저자 토머스 모어, 헨리 8세의 큰딸인 메리 여왕의 어린 시절 가정교사를 지냈지만 외국에서 헨리 8세에 반대하며 카톨릭을 옹호하는 논문을 발표한 아들 때문에 1541년 처형된 마거릿 폴(솔즈베리 백작 부인), 토머스 모어를 제거하고 앤 불린과의 결혼을 성사시키면서 수석장관에 올랐으나 헨리 8세의 네 번째 부인인 클레베의 앤과의 결혼을 성사시키는 과정에서 그녀가 초상화보다 못생겼다는 이유로 실각하여 결국 1540년 처형된 토머스 크롬웰, 헨리 8세의 네 번째 부인인 클레베의 앤의 시녀였다가 다섯 번째 왕비가 됐지만 과거의 남자관계를 추궁당해 1542년 처형된 캐서린 하워드 등이 헨리 8세가 런던타워에서 죽인 그의 시대 인사들입니다.

보듯이 시녀 킬러였던 헨리 8세는 6명의 왕비들 중 두 명을 런던타워에서 처형했습니다. 새 여자와의 결혼을 하기 위함이었습니다. 헨리 8세의 6명의 왕비들 중 가장 팔자가 좋은 여인은 네 번째 왕비인 독일에서 온 클레베의 앤이었습니다. 초상화를 보고 반해 영국까지 불러들였지만 막상 실물을 보니 도저히 마음이 안 간 헨리 8세는 그녀를 손끝 하나 건드리지 않았습니다. 그런 외모 덕분에 클레베의 앤은 화를 면한 것입니다. 헨리 8세는 6개월 후 그녀와 결혼 무효화를 선언하고 왕궁에서 내보내며 미안했는지 거주할 성을 제공하고 평생 연금도 지급했습니다. 하지만 그 결혼을 추진했던 토머스 크롬웰 장관은 목이 잘렸다고 했습니다.

여섯 번째 왕비인 캐서린 파는 헨리 8세가 죽는 바람에 화를 면했습니다. 그가 죽지 않았다면 그의 이혼과 결혼은 계속되었을 테니까요. 하지만 그녀는 헨리 8세와 살며 매우 괴로운 결혼 생활을 해야 했습니다. 그가 말년에 고도비만과 종양, 통풍 등으로 흉한 몰골에 고름이 흐르고 냄새가 진동했으니까요. 그렇게 헨리 8세는 56세에 죽었습니다. 그리고 마지막 왕비인 캐서린 파는 옛 연인과 재혼을 했습니다. 다행스러운 일입니다. 왠지 부인을 순장시킬 것만 같은 나쁜 남자/남편 헨리 8세였으니까요.

또 다른 희생자들

헨리 8세 사후 런던타워에 갇힌 왕족으로는 헨리 8세 여동생의 외손녀인 레이디 제인 그레이가 있습니다. 그녀는 헨리 8세의 왕위를 이은 에드워드 6세가 6년 만에 병으로 죽자 비어 있던 왕좌에 9일간 앉았다는 죄로 런던타워에 수감되고 1554년 참수되었습니다. 에드워드 6세는 헨리 8세가 그렇게 오매불망 원했

레이디 제인 그레이의 처형 | 폴 들라르슈 | 1833

던 유일한 아들로 세 번째 부인인 제인 시모어의 소생이었으나 16세에 병사했습니다. 레이디 제인 그레이는 차기 왕이 불분명한 상태에서 그녀의 의지와 상관없이 일단 왕위에 올려진 것인데 그것도 죽을 죄라고 17세의 어린 나이에 목이 잘린 것입니다. 런던 타워엔 엘리자베스 1세도 여왕이 되기 전 런던으로 끌려와 그곳에 수감되었습니다. 모두가 메리 1세가 저지른 악행입니다. 그녀가 괜히 블러드 메리라고 불리는 게 아닙니다. 아버지인 헨리 8세를 닮은 듯합니다.

헨리 8세 이전 런던타워에서 희생된 유명한 왕족으로는 리처드 3세 시절 그곳에 수감되어 행방불명된 불행한 왕자 형제가 있습니다. 1483년 에드워드 4세가 죽고 왕위에 오른 장자인 에드워드 5세와 그의 동생입니다. 당시 에드워드 5세는 12세의 어린 나이였습니다. 그래서 삼촌인 글로스터 공작이 섭정을 맡았는데 그는 어린 조카 형제를 런던타워에 유폐시켰습니다. 그리곤 끝이었습니다. 그들이 사라진 것입니다. 왕위를 비워둘 수 없는 삼촌은 스스로 왕이 되었습니다. 추남인 데다 척추측만증으로 끔찍하게 묘사되는 리처드 3세가 바로 그입니다. 이 사건은 영국 왕가의 미스터리로 남아있으나 그 어린이들이 몰골만큼이나 악독한 삼촌에 의해 살해되었다는 것은 자명한 사실일 것입니다. 우리 역사의 수양대군과 단종이 떠오르는 영국사의 한 장면입니다.

이 못된 리처드 3세를 물리치고 왕위에 오른 자가 헨리 8세의 아버지인 헨리 7세입니다. 그렇게 30년 동안 지속된 장미전쟁

삼촌 리처드 3세에 의해 런던타워에서 희생된 에드워드 5세 형제 | 존 밀레이 | 1878년경

런던의 여름 하늘만큼이나 파란 런던타워 입구 매표소

은 랭커스터가가 요크가에 승리하면서 끝이 났습니다. 1485년 플랜태저넷 왕조가 끝나고 튜더 왕조가 시작된 것입니다. 튜더 왕조의 영국 최고 문학 스타인 셰익스피어는 이 시기를 배경으로 한 〈리처드 3세〉 희곡을 썼습니다.

요새, 궁정, 감옥, 관광지

2024년 7월 다시 가서 본 런던타워의 여름 하늘은 청명했습니다. 그날처럼 런던을 비롯한 영국의 여름은 대체적으로 맑고 화창합니다. 런던 하면 떠오르는 비도 많지 않고, 안개는 보이지 않으며, 온도는 시원하기까지 합니다. 체류 기간 내내 섭씨로 12도에서 22도를 오르내렸으니까요. 런던타워만큼이나 의외적인 영국의 여름 날씨입니다. 타는 더위로 고생하는 대륙의 유럽 국가들과는 다른 것입니다. 그래서 제가 이 책에 쓴 '여름이 가장 행복한 나라'입니다. 영국 여행을 계획하신다면 여름을 강력히 추천드립니다.

런던타워 앞엔 그 타워의 용도를 알려주는 파란 부스가 있습니다. 한때 매표소로 사용된 곳처럼 보이는 곳입니다. 위의 사진에서 보듯이 런던타워는 요새, 왕궁, 감옥이라고 안내되어 있습니다. 타워이지만 탑이나 전망대라는 안내문은 보이지 않습니다. 그리고 그곳에 런던타워를 용도별로 대표하는 인물들이 그려져 있습니다. 런던타워의 파운더인 정복왕 윌리엄 1세와 그곳에서 처형당한 앤 불린의 모습이 양 끝으로 보입니다. 가운데 장발의 왕은 찰스 2세입니다. 그의 재위 때까지 잉글랜드 국

헨리 8세의 여인들이 프린트된 런던타워 굿즈

왕의 대관식엔 런던타워에서 웨스트민스터 사원까지 행진하는
관례가 있었습니다. 그래서 그를 왕궁을 상징하는 인물로 내세
운 듯합니다.

런던타워는 그 이외에도 무기고, 동물원, 조폐국, 등기소, 박물관 등 다양한 용도로 사용되어 왔습니다. 물론 왕궁의 용도가 가장 컸을 것입니다. 하지만 사람들은 런던타워 하면 역시나 '천일의 앤'으로 대표되는 감옥으로 가장 많이 기억할 것입니다. 아니나 다를까 그 앞 기념품 숍에 전시된 굿즈엔 앤 불린의 얼굴이 가장 많이 등장하고 있었습니다. 위의 초상화 속 그녀의 이니셜이 새겨진 목걸이를 비롯해서 말입니다. 과연 런던타워 최고의 스타인 그녀입니다.

왕 목도 한 번 잘라봐야지

크롬웰과 청교도혁명

로마인이 물러난 후 천년 넘게 왕가 왕가 왕가로 이어지며 오늘날 윈저 왕가까지 온 영국에 왕이 없는 공화국의 시대가 있었습니다. 17세기 중엽 올리버 크롬웰이 주도한 청교도혁명의 결과로 그랬습니다.

그런데 그 혁명은 청교도들이 종교적인 이상을 위해 일으킨 혁명이 아니었습니다. 그리고 혁명이라고 하는데 그 지칭이 맞는

지도 갸우뚱한 부분이 있습니다. 잉글랜드는 물론 당시는 외국인 스코틀랜드와 아일랜드까지 쑥대밭으로 만들어 놓은 청교도 혁명과 잉글랜드 공화국에 대해 알아봅니다.

영국의 시조

왕가의 나라 영국에서 그들 왕의 시조로 꼽는 이는 알프레드 대왕입니다. 871년에서 899년까지 웨섹스 왕국을 다스렸던 그가 오늘날 영국의 모태이자 주력이 된 앵글로색슨족의 정체성을 세우고 영어를 보급해 잉글랜드의 기반을 닦았기 때문입니다. 그래서 그에겐 영국인 왕들 중에서는 유일하게 대왕이라는 칭호가 붙습니다. 우리의 세종대왕처럼 말입니다. 우리에게 익숙한 아더왕은 비슷한 시기 전설 속에나 등장하는 존재불명의 왕입니다. 국가로서의 잉글랜드는 알프레드의 손자인 애설스탠왕이 927년 그레이트브리튼섬 내에 있던 중세 7왕국을 통일하며 세워졌습니다. 이후 잉글랜드엔 왕가의 시조라 불리는 노르만 왕가를 비롯하여 여러 왕가가 이어지며 오늘날의 윈저 왕가까지 이어지고 있습니다.

알프레드 대왕이 속한 웨섹스 왕가가 왕가까지 영국의 원조로

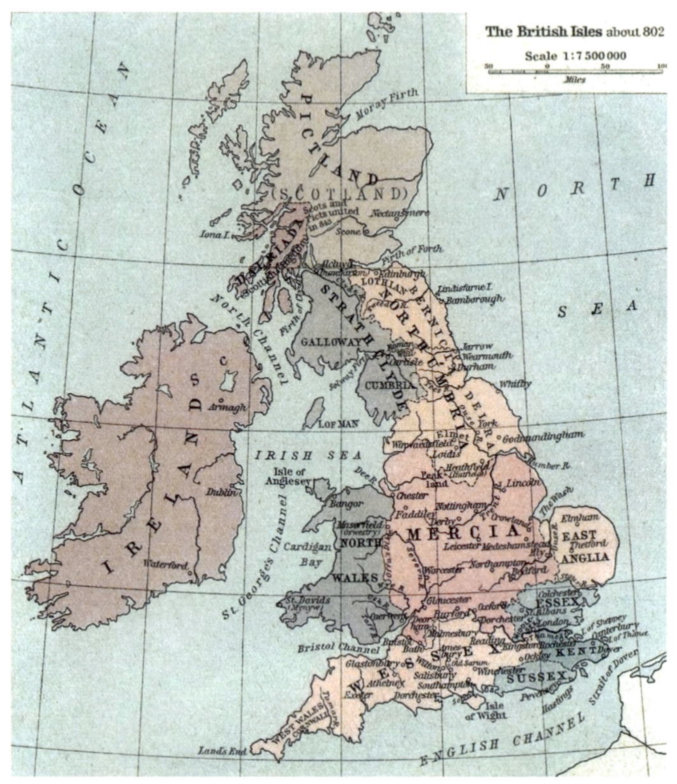

1920년대 영국 역사책에 실린 7왕국 시절 지도

온전히 인정받지 못하는 것은 이후 피가 전혀 섞이지 않은 바이 킹인 데인족이 또 침략하여 잉글랜드의 왕 노릇을 해서일 것입 니다. 크누트 대왕이 바로 그입니다. 이민족임에도 그에게 대왕 칭호를 준 것은 그가 정치를 매우 잘해서입니다. 그는 잉글랜드는 물론 덴마크와 노르웨이까지 아우르는 북해제국을 건설했습니다. 하지만 아들들이 변변치 못해 이후 왕좌는 다시 참회왕이라 불리는 앵글로색슨족의 에드워드왕에게 돌아갔습니다.

11년의 영국 공화국

알프레드 대왕 이후 천년 넘게 이어 내려온 영국의 왕가에 왕이 없던 시절이 있었습니다. 스튜어트 왕가의 찰스 1세와 그의 아들인 찰스 2세 사이의 11년 동안이 그렇습니다. 찰스 1세가 죽은 1649년부터 찰스 2세가 즉위한 1660년까지입니다. 그 시절 영국은 의회에서 선출한 지도자가 다스린 공화국이었습니다. 적어도 형식적으론 그랬습니다. 호국경 Lord Protector 이란 직함을 가진 그 국가 지도자는 2대에 걸쳐서 영국을 다스렸습니다. 그것도 본래 기존 왕들이 다스렸던 웨일스를 포함한 잉글랜드만 다스린 것이 아닌 북방의 스코틀랜드와 바다 건너 아일랜드까지 영토를 확장해서 다스렸습니다. 그 호국경이 그곳까지 정복사업을 벌여서 브리튼섬과 아일랜드섬 전역을 다스린 것입니다.

그 시절 영국의 국호는 잉글랜드 공화국 Republic of England, 또는 잉글랜드 연방 Commonwealth of England(1649~1660)이었습니다. 짧지만 강

했던 공화국이었습니다. 하지만 1660년 찰스 2세가 즉위하며 전처럼 왕정으로 원상복귀한 잉글랜드는 잉글랜드 공화국이 다스렸던 스코틀랜드와 아일랜드도 전처럼 독립국가로 원상복귀시켰습니다. 잉글랜드가 스코틀랜드를 온전히 병합한 것은 앤 여왕 시절인 1707년이고 아일랜드까지 병합한 것은 1800년의 조지 3세 때였습니다. 그땐 무력이 아니고 연합법Acts of Union에 의거해 통합을 이루었습니다.

잘못된 이름? 청교도혁명

왕가의 나라 영국에서 공화국을 탄생시킨 호국경은 올리버 크롬웰(1599~1658)이라는 정치가이자 군인입니다. 그는 그의 이름과 항상 함께 따라다니는 청교도혁명을 통해서 그렇게 영국에 색다른 역사를 만들어 냈습니다.

하지만 청교도혁명이라 해서 그 혁명을 이룬 집단이 청교도들이라는 것을 의미하진 않습니다. 그 이전 벌어진 유럽의 종교전쟁이나 우리의 동학혁명이나 중국의 백련교도의 난과는 다르다는 것입니다. 신자들이 종교적인 이상과 대의명분을 위해 일으킨 혁명이 아니라는 것입니다. 물론 그 시기 영국 안에선 영국의

왕가의 나라 영국에 왕정을 폐하고 공화국을 세운 올리버 크롬웰 | 새뮤얼 코퍼 | 1656

국교가 된 개신교와 카톨릭의 갈등, 개신교 내에서도 청교도와의 갈등이 심하긴 했습니다.

청교도혁명 Puritan Revolution (1642~1651)은 찰스 1세의 폭정에 항거한 의회파와 왕당파 사이의 내전이었습니다. 미국의 남북전쟁이나 우리의 6.25전쟁과 같은 내전이었다는 것입니다. 그 10년의 내전에 잉글랜드 왕가와 이해관계가 있던 스코틀랜드와 아일랜드까지 끼어들었고 그 모든 것을 깨끗이 평정한 인사가 크롬웰이었습니다. 그래서 그 혁명은 잉글랜드 내전 English Civil War 이라고도 불립니다. 아니 그 사건이 잉글랜드 내전이고 청교도혁명이라고도 불린다는 것이 오히려 더 정확한 표현일 것입니다. 그 내전의 결과로 왕정에서 공화정으로 바뀌고, 프랑스혁명처럼 왕이 처형까지 당한 다이내믹한 혁명성은 있었으나, 혁명이 일어난 동기나 진행 과정을 보면 그렇게 혁명스러워 보이지 않아서 그렇습니다. 그 혁명의 지도자인 크롬웰이 청교도였고, 그가 집권한 후 청교도 정신을 강조하며 청교도식 법규를 국가 통치에 적용했기에 그런 이름도 붙은 것으로 보입니다.

청교도는 그 이름에서 보듯이 청교가 아니고 청교도입니다. 종교가 아니고 신자를 가리키는 용어라는 것입니다. 영국은 그 이

전인 1534년 헨리 8세 때 수장령을 발동하며 성공회를 믿는 개
신교 국가가 되었는데 그 개신교 내에서 한 운동이 일어났습니
다. 청빈한 금욕주의, 순결성과 함께 신실한 복음주의를 강조한
운동이었습니다. 그 운동을 주도한 신자들을 가리켜 청교도라
부르는 것입니다. 장로교의 창시자인 존 캘빈이나 그의 제자로
스코틀랜드에 장로교를 뿌리내린 존 녹스도 그 영향은 받은 종
교개혁가였습니다. 즉 청교도는 특정 개신교파가 아닌 개신교
의 여러 교파에 영향을 준 종교 운동이었습니다. 당시 그런 청교
도들이 영국 정부의 탄압을 피해 1620년 메이플라워호를 타고
아메리카 신대륙으로 건너가 오늘날 미국인의 조상Pilgrim Fathers이
된 것이었습니다.

왕과의 전쟁

청교도혁명을 유발한 문제의 왕 찰스 1세(1600~1649)는 12년
간 의회를 열지 않았습니다. 화를 자초한 것입니다. 이유는 돈
때문이었습니다. 그는 왕세자 시절 스페인에 가서 스페인 공주
와 결혼할 것처럼 행동했습니다. 그런데 정작 결혼은 프랑스의
앙리에타 마리아 공주와 했습니다. 거기엔 지참금과 종교도 작
용했습니다. 그래서 결혼하자마자 스페인과 영국은 전쟁에 돌

입했는데 그 전쟁에서 영국이 졌습니다. 궁핍해진 찰스 1세는 의회에 돈을 달라고 요청했습니다. 그런데 의회는 그것을 거부했습니다. 스페인 체류 시 왕의 권위가 무소불위인 것을 보고 무지막지하게 그렇게 한 것인데 이것이 그의 실수였습니다. 영국은 1215년 귀족들이 당시 존 왕에게 대헌장을 발동할 정도로 의회주의가 일찍이 발달된 나라였으니까요.

결국 돈이 궁해진 찰스 1세는 의회 승인 없이 톤세, 파운드세 등을 제정해 세금을 마구 걷어들였습니다. 의회는 왕에게 권리청원(1628)을 들이밀었습니다. 골자는 잉글랜드인은 왕에게 돈을 빌려달라는 요구를 받지 않을 권리가 있으며 그로 인해 처벌도 받아서는 안 된다는 것입니다. 찰스 1세는 분위기가 험악해지는 것을 보고 그것을 승인했습니다. 하지만 곧 다시 선박세를 신설해 세금을 징수했습니다.

이제 의회는 둘로 나눠졌습니다. 왕을 지지하는 왕당파와 왕을 반대하는 의회파로 갈라선 것입니다. 1642년 잉글랜드에서 내전이 시작되었습니다. 이렇게 나라가 복잡해지고 살기가 힘들어지니 청교도는 물론 많은 영국인들이 아메리카 식민지로 떠나갔습니다. 이 글의 주인공인 크롬웰도 그때 친척과 함께 떠나

청교도혁명으로 죽음에 이른 비운의 왕 찰스 1세 | 안토니 반 다이크 | 1535-1536

려고 했습니다. 만약 그때 그가 배를 탔더라면 오늘날 영국의 역

사는 달라졌을 것입니다. 이렇듯 크롬웰은 중앙 정치와는 상관

잉글랜드 내전 시기 올리버 크롬웰이 본격적으로 명성을 떨치기 시작한 계기가 된 마스턴 무어 전투 | 존 베이커 | 19세기

이 없던 인물이었습니다. 그가 수학한 케임브리지대학 근처 헌팅턴에서 태어나 지방에서 닭과 양을 치는 자작농인 요먼에서 젠트리 계층으로 신분이 상승되며 그 지역 의회에 발을 디딘 성장형 인물이었습니다. 세습되는 정통 귀족이 아니었다는 것입

니다. 하지만 그때 일어난 내전은 그에게 입신양명의 기회가 되었습니다. 의회파의 군인으로 두각을 나타내며 점점 중앙 정치 무대로 올라선 것입니다. 그가 조직한 민병대는 승승장구하며 수도인 런던을 향해 나아갔습니다.

마음이 급해진 찰스 1세는 위기를 돌파하려 스코틀랜드와 아일랜드, 그리고 처가인 프랑스에게도 손을 벌렸습니다. 부창부수라고 부인인 왕비도 친정을 동원했습니다. 내전의 판이 점점 커져간 것입니다. 잉글랜드에서 왕당파와 의회파로 둘로 나눠진 의회의 문제가 그레이트브리튼섬과 아일랜드섬 전체로 번져갔습니다. 카톨릭 국가인 아일랜드엔 카톨릭으로, 장로교가 우세했던 스코틀랜드엔 개신교로 딜을 하며 그의 우군으로 끌어들인 것입니다. 사실 그것을 떠나 왕정이 당연한 세상에서 왕에게 거역하는 내전은 반란이기에 찰스 1세의 구원 요청이 그에게 먹혔을 것입니다. 그래서 영국 전역이 쑥대밭이 되어갔습니다. 찰스 1세는 이 과정에서 살기 위해 갖은 음모를 꾸미고 치사한 짓을 벌이다가 결국 1646년 포로로 잡혔습니다. 그리고 역시 또 이 과정에서 승승장구하며 의회파의 최고 실력자로 올라선 크롬웰에게 인도되었습니다. 이제 잉글랜드의 스튜어트 왕가의 존립과 찰스 1세의 생사는 크롬웰의 손에 달렸습니다.

왕을 도끼로

동시에 내전의 승자인 의회파는 새로운 고민을 하고 있었습니다. 크롬웰과 그의 군대의 힘이 너무 커져 버려서였습니다. 당시 독실한 청교도였던 크롬웰은 찰스 1세를 죽이려고까지 한 것 같지는 않았습니다. 그의 보호 아래에서도 3년간 잉글랜드 왕의 신분으로 호의호식하며 잘 지냈으니까요. 하지만 왕세자 때부터 스페인을 속여 국가 간 전쟁까지 유발할 정도로 어이없는 짓을 벌여온 찰스 1세는 그 마지막 기회를 살리지 못했습니다. 그 와중에도 계속해서 스코틀랜드, 아일랜드, 프랑스 등에 SOS를 치고 크롬웰을 제거하려 했으니까요. 당시 훗날 찰스 2세가 되어 돌아오는 찰스 1세의 아들과 부인은 프랑스로 피신을 가 있었습니다. 그들은 프랑스 원군과 함께 구조를 위해 배를 띄우기도 했고 스코틀랜드에선 일부 왕권을 찾기도 했습니다. 그리고 이 기간 중에도 왕당파는 2차 내전을 일으켰습니다. 결국 찰스 1세는 죽음을 피해갈 수 없게 되었습니다.

크롬웰은 의회에 찰스 1세의 처형을 건의했습니다. 하지만 의원들의 반대로 부결되었습니다. 훗날이 두려웠을 것입니다. 결국 크롬웰은 1648년 그의 군대로 의회를 제압해 반대하는 의원

뒷목을 도끼로 내리치는 잉글랜드의 전통적인 방식으로 처형당한 찰스 1세(1649)

들을 모두 가두는 프라이드의 숙청 Pride's Purge 을 결행했습니다. 자랑스러운 숙청이 아닌 그 사건을 지휘한 대령의 이름을 딴 것입니다. 그리고는 그의 뜻을 따르는 70여 명의 의원들이 찰스 1세의 처형을 결의하는데 영국사는 이 의회에 잔부의회 Rump parliament 라는 조롱성 이름을 붙였습니다. 정상 의회가 아닌 엉덩이, 찌꺼기 의회라는 뜻입니다. 결국 1649년 찰스 1세의 재판이 열렸고 사형이 언도되었습니다. 크롬웰의 각본대로 정해진 재판이었을 것입니다. 찰스 1세는 재판 1주일 후 그가 평소 연회를 베풀던 화이트홀 궁의 뱅퀴팅 하우스 앞에 차려진 사형대에서 참수당했습니다. 크롬웰은 영장에 서명하러 가며 서명하지 않은 의원들에게 잉크를 뿌려댔다고 합니다.

왕 대신 독재자

찰스 1세가 죽음으로서 잉글랜드는 왕이 없는 공화국이 되었습니다. 하지만 그렇다고 혁명 또는 내전이 끝난 것은 아니었습니다. 그의 군대 내부에서의 갈등도 있었고 그의 처형에 반발하는 스코틀랜드와 아일랜드, 그리고 네덜란드와의 전쟁이 크롬웰을 기다리고 있었기 때문입니다. 크롬웰은 그 전쟁도 모두 훌륭히 제압했습니다. 그리고 한때 한배를 탔던 의회와의 싸움도 치러야 했습니다. 그는 찰스 1세처럼 그에게 반발하는 의회를 해산시켰습니다. 그리고 그의 뜻에 맞게 새로운 의회를 구성했습니다. 크롬웰은 그렇게 내부의 정적을 제거하며 1653년 호국경으로 취임했습니다. 통치장전 Instrument of Government 에 서명하며 그는 카톨릭교도와 왕당파가 없는 잉글랜드를 만들겠다고 했습니다.

하지만 그가 만든 의회의 수명은 고작 5개월이었습니다. 그가
원하면 얼마든지 해산시킬 수 있었고 실제로 그렇게 했습니다.
공화국을 표방했지만 군사독재 정치를 펴나간 것입니다.

크롬웰이 호국경으로 재위한 5년간(1653~58) 영국은 강력했
습니다. 유럽에서 누구도 넘볼 수 없는 나라로 올라선 것입니다.
프랑스와 손잡고 여전히 강국인 스페인과 유럽에서 전쟁을 벌여
이기고, 남미에선 금은 쟁탈전을 벌이며 자메이카를 점령했습니
다. 프랑스는 감사의 뜻으로 노르망디의 덩케르크를 무상으로 영
국에 넘겨주기도 했습니다. 하지만 미국으로 건너간 식민지의 청
교도들에겐 가혹했습니다. 같은 청교도이지만 국익을 우선했던
것입니다. 1657년 의회는 호국경인 크롬웰에게 왕위에 오를 것
을 제안했습니다. 하지만 6주의 고민 끝에 그는 그것을 거절했
고 호국경에 재취임했습니다. 그의 속마음은 모르겠으나 표면
적으로는 그와 함께 했던 군대의 강력한 반대로 뜻을 접었습니
다. 이미 실권을 다 쥔 그였기에 호국경과 왕이 다른 점은 세습
이 되지 않는 것 빼곤 딱히 있지도 않았습니다. 하지만 그의 재
취임식은 그 어느 왕보다 화려했고 그가 죽은 후 호국경은 그의
아들인 리처드에게 세습되었습니다. 왕정과 다를 바 없던 공화
국이었던 것입니다.

왕정복고, 찰스 2세

크롬웰은 통풍과 학질로 1658년 59세의 나이로 죽었습니다. 그가 재위 기간 중 왕당파의 왕정복고 시도는 계속되었습니다. 그에 대한 암살 시도도 물론입니다. 잠재적 위협 인물인 찰스 1세의 아들은 바다 건너 네덜란드에서 호시탐탐 기회를 노리고 있었습니다. 그 와중에 리처드 호국경은 아버지만 못해 국가를 다스릴 만한 재목이 되지 못했습니다. 사람들은 과거를 그리워했습니다. 크리스마스도 없고 스포츠나 예술 이벤트도 없는 청교도식 삶이 지루해진 것입니다. 그러면서 크롬웰이 떠난 의회에서 법으로 금지된 왕정복고라는 말이 솔솔 나오기 시작했습니다. 영국인들에겐 예나 지금이나 매우 익숙한 왕정입니다. 결국 크롬웰의 아들은 호국경이 된 지 1년 6개월 만에 자리에서 내려왔습니다. 동시에 찰스 1세의 아들인 찰스 2세는 그가 떠났던 고국 잉글랜드로 화려하게 귀환했습니다. 그는 그의 아버지가 참수당한 런던의 화이트홀로 입궁했습니다. 왕정복고, 1660년 찰스 2세가 잉글랜드의 왕으로 즉위한 것입니다.

찰스 2세의 복수는 잔인했습니다. 부왕인 찰스 1세를 폐위시키고 사형을 주도한 의회파에 대한 숙청이 벌어진 것입니다. 10명

왕정복고, 장발이 트레이드마크인 찰스 2세의 대관식(1660) | 존 미첼 라이트 | 1671-1676

의회파 우대, 런던의 국회의사당 앞에 세워진 크롬웰 동상 | ©Prioryman

TAKEOUT 3

의 핵심 인사들은 잉글랜드에서 가장 악명 높은 방법으로 처형을 당했습니다. 살아있는 채로 심장을 꺼내서 보게 하고, 토막을 내 내장을 배에서 끄집어내서 불태웠습니다. 그때까지 살아있는 것이 불행이라면 불행이었을 것입니다. 하지만 죽은 자도 예외는 아니었습니다. 웨스트민스터에 묻혀 있던 크롬웰을 비롯한 그의 가신들은 관에서 꺼내어져 참수를 당하고 머리는 장대에 매달렸습니다. 부왕인 찰스 1세의 12주년 제삿날인 1661년에 이루어진 스펙터클한 이벤트였습니다. 크롬웰의 머리는 찰스 2세가 죽는 날까지 의회가 열리는 웨스트민스터 문밖에 매달려 있었습니다. 다시는 의회가 왕에게 맞서지 못하게 한 찰스 2세의 경고였을 것입니다. 현재 크롬웰의 머리는 그의 모교인 케임브리지 대학에 안치되어 있습니다.

공화국의 유산

올리버 크롬웰은 오늘날까지 왕정인 영국 역사에서 최초이자 마지막으로, 유일할 수밖에 없는 공화국을 연 시대적 인물이었습니다. 그것이 청교도혁명이든 잉글랜드 내전이든 그것의 승자로 한 시대를 풍미한 것입니다. 그에게 로마제국의 율리우스 카이사르나 프랑스의 나폴레옹이 연상됩니다. 로마에서 멀리 떨어진 갈리아의 총독으로 있던 카이사르는 수도 로마로 진격해 원로원과 폼페이우스를 제압하고 기원전 46년 독재관Dictator에 올랐습니다. 나폴레옹 역시 파리에서 멀리 떨어진 코르시카의 하급 귀족 태생으로 수도 파리로 입성해 1800년 통령Consul에 올랐습니다. 용어만 달랐지 크롬웰의 호국경과 같은 직위일 것입니다. 그들 모두는 공화국의 꿈을 꾸며 국가 지도자로 올라섰습니다. 차이점은 카이사르는 불과 2년 만에 암살로 죽었고 나폴레옹은 4년 만에 황제가 되며 왕정주의자로 바뀌었습니다. 로마제국도 카이사르가 죽고 바로 왕정으로 돌아섰습니다. 물론 카이사르도 제 명대로 살았으면 황제가 되었을지 모릅니다. 크롬웰이 왕위에 오르라는 의회의 제안을 6주간이나 고민한 것을 보면 이렇듯 누구든 왕은 떨쳐내기 힘든 유혹인가 봅니다.

현재 지구촌 거의 모든 국가가 채택하는 공화국을 이루었음에도 크롬웰은 영국에서 그렇게 반기는 인사는 아닌 듯합니다. 그와 청교도혁명에 대한 찬반논쟁이 끊이지 않으니까요. 그가 영국의 국교인 성공회에 반기를 든 청교도인 데다가 천년 넘는 왕가에 11년의 구멍을 뚫어놔서 그런 것일까요? 주지하듯이 영국은 세계에서 거의 유일하게 왕가 마케팅을 적극적으로 대놓고 실시하는 나라입니다. 그리고 실제 그것으로 많은 재미와 이익을 보고 있기도 합니다. 그래서 지금도 전제적이라 할 수 있는 그 시스템을 여전히 옹호하고 실시하고 있을 것입니다. 군림하되 통치하지 않는 입헌군주제 형태라도 말입니다. 물론 내전을 치르다 보니 크롬웰은 찰스 1세는 물론 수많은 사람을 죽였습니다. 그러고 보니 현재 영국의 왕은 왕정복고한 찰스 2세를 잇는 찰스 3세입니다. 1685년 찰스 2세 사망 후 3백 년 넘게 그 이름을 가진 왕이 없었다는 이야기입니다.

미국 독립유공자인데 영국인

토머스 페인의 상식

영국에서 태어났지만 신대륙인 미국과 구대륙인 프랑스를 오가며 독립과 혁명의 중심에서 불꽃 같이 살다 간 잉글리시맨이 있습니다. 일본의 유신지사인 사카모토 료마와 쿠바의 혁명지사 체 게바라를 합쳐놓은 것과도 같은 그의 삶이었습니다. 그는 역사상 상식이 발휘할 수 있는 최고의 능력을 보여준 위대한 상식맨이었습니다. 그의 상식이 영국의 식민지였던 미국의 독립을 이끌어냈으니까요.

상식으로 세상을 바꾼 토머스 페인의 삶과 그의 저서 《상식
Common Sense》에 대해 알아봅니다.

상식이란?

상식常識은 무엇입니까? 한자로 보면 시간성과 지식이라는 측면이 보이고 영어로 보면 보편성과 감각이라는 측면이 보입니다. 즉, 상식이란 언제나 누구에게나 해당되는 세상의 이치와 원리로 공통적으로 그렇게 느끼는 것입니다. 제가 어린 시절 난센스성 퀴즈로 "아침에 일어나 이빨 닦고 세수하는 것을 무엇이라 부르나요?"라는 문제가 있었습니다. 답은 '상식'이었습니다. 누구든지 하는 일로 그것이 자연스러운 보편률이라 그런 문답이 나왔을 것입니다. 그러니 그 문제로만 보면 양치질과 세수를 안 하는 사람은 상식적이지 않은 사람이거나, 사람이 아닐 수도 있다는 것입니다. 개나 고양이가 그것들을 하지는 않으니까요. 아, 요즘은 반려인이 해주니 "스스로 한다"라는 전제를 달아야겠네요. 이때 중요한 것은 순서도 지켜야 한다는 것입니다. 세수부터 하고 양치질을 하는 것은 비상식적이라는 것입니다. 이유는 실제로 순서를 바꿔서 해보면 당장 알 것입니다. 일단 수건을 두 번 써야 하니까요.

상식은 이렇게 실험실의 연구보다는 일상의 경험에서 비롯되어 쌓인 것들이 많습니다. 거창하게는 석기시대부터 문명화 사회까지 오며 인류가 체득한 양식들입니다. 전문성보다는 범용성이 강해 보이는 영역이지만 변함이 없어야 된다는 측면에선 심오한 학문의 영역인 진리와 크게 다름이 없어 보이기까지 합니다. 물론 시대별로 사회마다 상식의 기준이 달라지기도 하고 변하기도 합니다. 인류의 미래에 칫솔과 치약이 사라지고 업그레이드된 다른 방법으로 양치질을 하는 것이 보편적인 시대가 되면 위에서 나온 퀴즈의 답은 더 이상 상식이 아닐 테니까요.

영국인들의 상식 논쟁

상식을 학문인 철학의 영역으로까지 끌어올린 일단의 학자들이 있었습니다. 말 그대로 상식학파常識學派라고 불리는 자들로 18세기 계몽주의가 유럽을 휩쓸 때에 영국의 스코틀랜드에서 토머스 리드가 창시하고 그곳에서 유행해 스코틀랜드학파라고도 불리는 자들입니다. 당시 그 상식은 스코틀랜드에 위치한 에든버러 대학과 글래스고 대학에서 주로 연구되었습니다. 그들은 상식에 기반한 믿음을 중시하며 프랜시스 베이컨 이후 성행했던 경험론이 데이비드 흄에 의해 극단적인 회의주의로 빠지는 것을 보고 그것에 대한 반동으로 일어났습니다. 회의론이 인류 공통의 보편적인 인식이나 의식에 배척된다고 본 것입니다. 그래서 인간의 경험적 인식의 기저에 있는 근원적 판단 능력, 직관적인 그것을 건전한 상식이라고 보고 그것을 지향한 것입니다. 진리를 파악함에 있어서 상식이 작용해야 한다는 것입니다. 프랜시스 베이컨은 잉글랜드 출신이고 데이비드 흄은 스코틀랜드 출신입니다.

상식학파를 살펴보니 아침에 일어나서 양치질하고 세수하는 것의 답을 상식이라고 한 것이 꼭 난센스 문제 같지만은 않습니다. 전문가들조차도 일상에서 빈번하게 보이는 경험의 최선을 상식이라 칭했으니까요. 그러니 상식은 우리 주변의 많은 일, 여러 곳에서 발견되곤 합니다.

최근인 2023년 11월 영국에서 어떤 새로운 부처의 장관이 임명되었는데 당시 그 뉴스는 전 세계에서 화제가 되었습니다. 그 장관의 직명이 상식부 장관Minister for Common sense이었기 때문이었습니다. 당시 인사권자인 수낵 총리는 영국에서 가장 상식적이라 생각되는 인사를 그 부서의 장관으로 임명했을 것입니다. 상식을 지향하고 상식이 통하는 사회를 만들겠다는 의지가 반영된 것으로 보입니다. 너무 쉬워 보이지만 어렵기도 하고, 너무 당연해 보이지만 잘 지켜지지 않는 상식이라 그런 인사가 이루어졌을 것입니다. 당시 그 직을 맡은 장관은 에스터 맥베이라는 여성으로 행정적인 부처는 없는 무임소 장관이었습니다.

한 권의 책이 이루어낸 미국의 독립

상식은 제가 위에서 열거한 어린 시절의 기억이나, 과거 스코틀랜드의 철학자들에 의해서, 그리고 현재 영국의 현실 정치에 등장하고 있지만 역사상 상식이 가장 빛을 발한 것은 미국의 독립 시기에 등장한 상식일 것입니다. 어떻게 보면 미국의 독립을 이루어 낸 것이 상식이라고 할 정도로 상식은 당시 엄청난 영향력을 발휘했습니다. 바로 토머스 페인이 쓴 《상식》이라는 저서입니다. 1776년 출간된 그 책은 3개월 만에 10만 부가 팔렸을 정도로 많은 사람들이 읽었는데 당시 글을 아는 독립 이전 미국인들은 거의 다 읽었을 정도로 《상식》은 선풍적인 인기를 끈 베스트셀러였습니다. 책이라 하기엔 50페이지 정도로 얇아서 팸플릿이라 불리는 소책자입니다.

토머스 페인은 그 책을 1776년 1월 10일 필라델피아에서 출간

미국 독립의 바이블이라 불리는 《상식》의 저자 토머스 페인(1737~1809)

COMMON SENSE;

ADDRESSED TO THE

INHABITANTS

OF

AMERICA,

On the following interesting

SUBJECTS.

I. Of the Origin and Design of Government in general, with concise Remarks on the English Constitution.

II. Of Monarchy and Hereditary Succession.

III. Thoughts on the present State of American Affairs.

IV. Of the present Ability of America, with some miscellaneous Reflections.

Man knows no Master save creating HEAVEN,
Or those whom choice and common good ordain.

THOMSON.

PHILADELPHIA;
Printed, and Sold, by R. BELL, in Third-Street.

MDCCLXXVI.

《상식》 초판본. 제목과 함께 목차가 보인다. | 1776

했고 미국은 그로부터 6개월 후인 7월 4일 필라델피아의 대륙 회의에서 독립선언문을 낭독하며 독립을 선언했습니다. 독립을 선언했다는 것은 그때까지 미국의 지위가 식민지였다는 것입니다. 그렇습니다. 1620년 종교의 자유를 찾아 순례의 아버지라 불리는 자들이 영국의 플리머스에서 메이플라워호를 타고 매사추세츠주의 플리머스에 첫 도착 후 건국의 아버지라 불리는 자들이 주도하여 1776년 독립을 선언하기까지 미국은 156년간 영국의 식민지였습니다. 이후 독립전쟁을 거쳐 미국은 1783년 영국에 승리해 독립을 인정받고, 1789년 정부수립과 함께 조지 워싱턴이 초대 대통령에 선출되었습니다. 왕이 나라를 다스리는 것이 자연스러웠던 시절에 왕이 없는 나라가 탄생한 것입니다.

토머스 페인의 《상식》이 출간되기 전에 미국은 이미 영국과 전쟁에 돌입한 상태였습니다. 그 1년 전인 1775년 4월 보스턴 근교 렉싱턴에서 최초의 전투가 벌어지며 포연에 휩싸였으니까요. 하지만 이때까지의 전쟁은 독립전쟁이 아니었습니다. 결과적으로 미국사에서 독립전쟁의 시작으로 정리되었지만 당시만 해도 대륙군 총사령관이었던 조지 워싱턴 장군조차 자국의 독립까지는 생각하지 않았습니다. 독립은 일부 급진파들의 주장이었고 대개는 영국의 부당함에 대한 저항으로 투쟁한 것이었습니다. 그 부당함은 바로 무리한 세금이었습니다. 북아메리카에서 거대한 루이지애나를 두고 프랑스와 벌어진 프렌치-인디언전쟁에서 영국과 힘을 합쳐 프랑스를 몰아냈음에도 그들의 지위가 나아지기는커녕 본국인 영국이 국가 빚을 갚기 위해 지속적으로 설탕세, 인지세 등의 세금을 부과하니 그것에 저항하여 좋은 조건을 얻어내기 위한 전쟁이었던 것입니다. 1773년 보스턴에서 일어난 차 사건도 그런 와중에 터진 것이었습니다.

그때 등장한 그 유명한 슬로건이 "대표 없이 과세 없다No taxation without representation"입니다. 이는 1689년 영국에서 발효된 권리장전에 명시된 것으로 국민이 선출한 국회의원의 승인 없이는 정부가 세금을 부과할 수 없다는 것입니다. 그런데 미국은 당시 영국의회에 진출한 의원이 한 명도 없던 상태였습니다. 식민지라 의석을 주지 않은 것입니다. 이런 상황에서 무력시위를 통해 화해와 타협을 이끌어 내어 그들의 권리를 획득하고자 했던 미국이었는데 거기에서 한 발자국, 아니 열 발자국 더 나아가 독립으로까지 방향을 급선회하게 된 것은 토머스 페인의 《상식》이 강하게 작동했기 때문이었습니다. 정치인이나 군인뿐만이 아니라 전 미국인들의 의식을 개조시킨 선동적인 책이기에 그렇습니다.

공화국의 멋짐

토머스 페인의 《상식》은 계몽주의 사상가들이 주장했던 천부인 권설에 기초합니다. 인간은 태어날 때부터 자유롭고 평등하며 행복을 추구할 권리를 가지는데 이것은 하늘이 준 자연스러운 권리라는 것입니다. 특히 그는 평등권을 강조했습니다. 그래서 그의 《상식》은 왕정의 부당함과 모순을 지적하는 것부터 시작합니다. 최초의 왕들은 모두 누군가를 침략한 악당이었으며 당연스럽게 세습으로 이어져 지도자 자격 없는 못난 왕들까지 섬겨야 하는 것은 말이 안 된다고 하였습니다. 영국 왕조의 시작으로 보는 정복왕 윌리엄도 프랑스에서 온 침략자로 못박았습니다.

영국에 왕을 견제하는 상원과 하원이 있지만 왕은 그들을 거부할 수 있는 권리가 있기에 왕이 있는 한 그것은 있으나마나라고 했습니다. 과거 유대교도가 이방인의 제도인 왕정을 따른 것은 성서에 반하는 것이라고도 했습니다. 그전엔 여러 지파로 나뉜 부족장들이 연합으로 다스린 공화제였는데 사울을 왕으로 뽑으면서 그때부터 우상과도 같은 왕을 섬기게 되었다는 것입니다. 이렇게 왕정을 비판하면서 책의 부록 부분에선 벌거벗은 아메리카의 인디언도 영국의 왕보다는 덜 야만적이다라는 표현까지

1776년 7월 4일 미국의 독립 선언 | 존 트럼블 | 1819

서슴없이 쓴 토머스 페인이었습니다. 그래서 그는 기독교도 국가인 미국은 왕이 없는 공화제로 가야 한다라고 주장합니다.

이어서 그는 미국의 독립의 정당성을 주장하기 위해 왕이 있는 영국을 신랄하게 비판합니다. 영국이 미국을 보호하는 동기는 애정이 아니라 오로지 영국의 이익 때문이라며 영국을 적으로

규정합니다. 식민지로 있으면서 영국과 공존을 주장하는 온건
파들을 향해선 "극단의 증오로 생긴 깊은 상처는 진정으로 화해
가 될 수 없다"는 존 밀턴의 말을 인용하며 그것을 경계했습니
다. 거대한 아메리카 대륙이 조그만 영국이라는 섬의 지배를 받
을 수는 없는 일이라며 미국인의 자존심을 자극하는 말도 했습
니다. 그러면서 영국과 싸우는 목표가 그들을 괴롭히는 법안의
철회에 불과하다면 얻는 것에 비해 너무나 값비싼 비용이 드는
일이라며 그럴 바엔 독립을 해야 한다라고 종용합니다. 강경한
발언이 계속해서 이어지는 그의 《상식》입니다.

토머스 페인은 독립만을 부르짖은 것이 아니라 이후 미국이 실
행해야 할 정책적인 대안도 제시했습니다. 공화제 형태의 정부
와 상하원의 구조와 의원 수 등 오늘날 미국이 채택하고 있는 것
들을 구체적으로 기술한 것입니다. 예를 들면 13개에 불과했던
그 시절 주마다 주를 대표하는 상원의원 2명씩을 대륙회의에 진
출시키자고 했는데 지금까지도 미국은 주의 크기나 주민의 수
에 상관없이 상원의원은 하원의원과는 달리 50개 주 공히 2명
씩 선출하고 있습니다. 또한 그는 민주주의 정부의 지향점은 개
인의 행복을 최대화하면서 국가적 비용을 최소화하는 것이라고
정의했습니다.

독립의 첫 총성, 1775년 미국과 영국의 렉싱턴 전투 | 윌리엄 반즈 월런 | 1910

그리고 미국의 미래를 위해서는 조선업과 해군 양성의 필요성을 강조하며 그것들에 많은 투자를 해야 한다고 했습니다. 당시 세계 최강이었던 영국의 해군력을 보여주는 데이터까지 제시하며 자원이 풍부한 미국은 영국을 충분히 따라잡을 수 있다는 희망적인 견해를 표명했습니다. 식민지인 미국민에게 영국을 극복할 수 있다는 자신감을 심어준 것입니다. 그러면서 그는 세상의 군주제는 인정한다, 하지만 '미국에서의 왕은 법이다'라는 견해를 표명합니다. 법치국가로서의 미국으로 독립해야 한다는 것이었습니다. 이렇게 토머스 페인의 《상식》은 미국 민주주의의 근간이 되는 입법, 행정, 사법을 모두 망라하고 있습니다.

토머스 페인은 그가 《상식》을 출간한 1776년 1월 그 시점이 독립을 위한 적기라며 책에서 채근합니다. 그의 눈엔 이미 루비콘강을 건넌 것으로 본 것입니다. 실제 책에서 그는 율리우스 카이사르의 이 말을 인용했습니다. 1775년 벌어진 렉싱턴 전투의 첫 총성이 울린 순간부터 독립을 고려했어야 했다라며 시간이 지날수록 독립은 요원하니 독립이라는 쇠뿔을 단김에 빼라는 것이었습니다. 결국 그의 뜻은 관철되어 미국은 6개월 후에 영국은 물론 세계만방에 독립을 선언했습니다. 상식이 이뤄낸 완전한 독립이었습니다.

혁명에서 혁명으로

미국 독립의 1등 공신인 토머스 페인은 미국인이 아니었습니다. 1737년 영국 본토에서 태어났습니다. 당시 미국 식민지민의 조상 중 영국인이 아닌 자는 거의 없었겠지만 그는 영국에서 태어나 당대에 미국으로 건너가 큰일을 벌인 것입니다. 그의 조국인 영국이 아니라 식민지를 위해 일을 한 것이었습니다. 당시 그를 도미하게 한 인사는 훗날 미국 건국의 아버지 그룹에 속하게 되는 벤자민 프랭클린이었습니다. 그는 인지세 협상을 위해 영국에 와있다가 토머스 페인의 인물됨을 보고 미국 출판사에 취업을 알선해 주었습니다. 미국을 위해 다방면에 많은 일을 벌인 그의 일들 중에 상위권으로 올려야 될 치적이라 하겠습니다.

벤자민 프랭클린의 추천서를 손에 쥔 토머스 페인은 주저 없이 미국행 배를 탔습니다. 코르셋 제조업자의 아들로 가난하게 태어나 13세까지밖에 학교 교육을 받지 못하고 빈곤한 형편에 처해있던 그였으니까요. 그가 아무리 뛰어났어도 귀족 사회인 영국에서는 한계에 부딪힐 수밖에 없었을 것입니다. 하지만 미국에서《상식》을 통해 대박을 터트린 그였지만 그곳에서도 생각보다 출세는 하지 못했습니다. 외무부의 서기로 활동했다는 것이 전부였으니까요. 퀘이커교도 집안 출신인 그가《상식》책에 쓴 기독교의 비유나 표현 등이 문제가 되었다고는 하지만 그보다는 그가 아메리카 식민지 출신이 아니라는 점이 불이익으로 작용했을 것입니다. 미국인의 입장에서 보면 그는 외지인이니까요. 아, 아마도 그가 영국 본토 출신이라도 귀족이었다면 온당한 대우를 받았을지도 모릅니다.

《상식》을 읽으면서 떠올린 인물이 있었는데 그는 일본 메이지 유신의 주역인 사카모토 료마였습니다. 그는 일본의 근대화를 이룬 메이지유신의 주체인 조슈번(야마구치현)이나 사쓰마번(가 고시마현) 출신이 아닌 변방의 도사번(고치현) 출신이었습니다. 그런 그가 강대 강으로 앙숙 관계였던 위의 두 번을 연합시킨 삿 초동맹(1866)을 이끌어내 메이지유신을 가능하게 만든 것입니다. 그는 일본 근대화의 관문인 나가사키에 해원대海援隊라는 조 직을 결성해 근대화된 일본 해군과 민간 기업의 초석을 쌓았습 니다. 도쿄로 가는 배 위에서 그가 구상한 선중팔책船中八策이라 불리는 8가지 정책은 그의 사후 유신 정부의 주요 정책으로 채 택되었습니다.

사카모토 료마가 토머스 페인의 《상식》을 읽었는지는 모르겠으 나 의회 구성이나 해군 양성 등 어딘가 유사성이 보이는 그의 인 생과 플랜입니다. 그 책이 나온 지 60년 후에 그가 태어났으니 미국에서 들어온 그 책을 읽었을지도 모를 것입니다. 하지만 사 카모토 료마는 메이지유신 1년 전인 1867년 암살되었고 토머스 페인은 정부수립 2년 전인 1787년 미국을 떠났습니다. 둘 다 모 두 그들이 심고 재배한 유신과 독립이라는 혁명의 열매를 따먹 지 못한 것입니다. 당시 토머스 페인이 그의 저서 《상식》에서 조국 영국을 그렇게 비난하고, 그 책으로 인해 식민지인 미국이 독립하는 데에 일조했음에도 처벌받지 않은 것은 다소 의외입니다. 그 정도면 암살을 당할 정도의 매국노로 보였을 텐데요. 그는 훗날 조국인 영국으로 버젓이 입국하였습니다. 그리고는 추방을 당했는데 그 이유는 그의 저서 《상식》 때문이 아니었습니다.

1787년 토머스 페인은 혁명의 불길이 움트는 프랑스로 건너갔습니다. 미국으로 치면 독립 시기와도 같이 급변하는 프랑스로 간 것입니다. 프랑스에서 1789년 대혁명을 목도한 그는 1791년 《인권 Right of Men》 1부를 출간했습니다. 그리고 그 책의 2부는 1792년 조국인 영국의 런던으로 건너가 출간했는데 반란을 선동한다는 내용으로 인해 추방당해 다시 프랑스로 건너가 국회의원으로 활동했습니다. 그리고 《이성의 시대 The Age of Reason》를 출간했고, 1797년엔 마지막 저서가 된 《토지 분배의 정의 Agrarian Justice》를 출간하고, 1802년 다시 미국으로 돌아갔습니다.

참으로 대단한 토머스 페인입니다. 그 시대에 이렇게 여러 나라를 전전하며 혁명적인 활동을 했던 것을 보면 말입니다. 그런 그의 인생을 보며 사카모토 료마 이외에 또 한 명의 역사적 인물이 떠올랐는데 그는 바로 아르헨티나 출신임에도 혁명을 위해 쿠바, 콩고, 볼리비아 등 대륙을 전전하며 혁명을 주도했던 체 게바라였습니다. 토머스 페인도 그에 못지않은 혁명 유랑자의 삶을 산 것이었으니까요.

최고의 상식맨 토머스 페인

상식, 인권, 이성, 정의…. 토머스 페인이 남긴 저서들의 제목에 올라와 있는 키워드들입니다. 그는 이렇듯 민주주의의 큰 담론을 가진 책들을 썼습니다. 하지만 그는 말년에 제2의 조국이라 할 수 있는 미국에서 환영받지 못했습니다.《상식》책에서부터 그를 괴롭혀 온 무신론자 문제가 발목을 잡은 것입니다. 특히 프랑스에서 쓴《이성의 시대》가 문제가 되었습니다. 인간의 이성을 강조하다 보면 기독교 신의 신성은 약해질 수밖에 없을 것입니다. 미국은 지금도 대통령 취임 시 성서에 손을 얹고 선서를 할 정도로 엄격한 기독교 국가이므로 당시 그런 그의 글은 그의 몰락을 가속화시켰습니다.

토머스 페인은 1809년 72세의 나이로 빈한하고도 고독한 죽음을 맞이했습니다. 가난하게 태어나 유랑자의 삶을 살다가 가난하게 죽은 불행한 토머스 페인이었습니다. 아마도 그 이전 독립된 미국에서 제대로 된 대우를 해주었다면 그는 그렇게 떠돌이의 삶을 살지 않았을 것입니다. "토머스 페인의 펜이 없었다면 조지 워싱턴의 칼은 없었을 것이다"라고까지 미국의 칭송을 받았던 그였는데 말입니다. 2대 대통령인 존 애덤스가 한 말입니다.

보듯이 토머스 페인의 《상식》은 "상식은 이것이다"라는 정의나 담론이 나오는 철학 서적, 또는 인문학 서적이 아닙니다. 인간으로 태어났으면 인간답게 살아야 하며, 그러려면 인간 위에 군림해 있는 왕이 다스리는 영국의 식민 지배하에서 미국이 독립해야 한다라는 것을 강력하게 주장한 책입니다. 당시 미국의 상황에서는 그것이 상식이라고 정의하고 강변을 토한 것입니다.

하지만 그런 상식이 독립이라는 이슈를 가졌던 당시의 미국 사회에만 해당되는 것은 아닐 것입니다. 세기를 훌쩍 뛰어넘은 오늘날도 비인간적인 처우는 횡행하고 왕은 사라졌어도 제왕적인 권력을 휘두르는 자들과 사회의 계급은 여전히 알게 모르게 존재하니까요. 그리고 이해불가인 비상식적인 뉴스도 연일 계속 쏟아지고 있으니까요. 상식적으로 생각하고 행동하면 굳이 민주주의의 최후의 보루라고 하는 법이 나서지 않아도 해결될 일들인데 말입니다. 때론 법정에 가서조차도 그런 비상식적인 일들이 일어나곤 합니다. 토머스 페인의 상식이 오늘날에도 필요한 이유입니다. 아마도 그가 살아있다면 영국의 수백 총리는 그를 상식부 장관으로 임명했을 것입니다. 그는 역사상 상식을 성문화시키고, 그 상식의 힘으로 위대한 승리를 거둔 최고의 상식맨이었으니까요. 그리고 무엇보다도 그는 잉글리시맨이었으니까요.

TAKEOUT **4**

아름다움,
시들지 않는

여름이 가장 행복한 나라

로마에서 로맨스까지

셰익스피어의 최고 명작

가장 오래된 존대

여름이 가장 행복한 나라

영국·GB·UK

여름이 점점 더워지고 있습니다. 특히 지난 2025년도의 여름은 끔찍했습니다. 이런 더운 여름엔 겨울이 그리워집니다. 반대로 추운 겨울엔 여름을 그리워하곤 합니다. 하지만 기대처럼 겨울은 시원하지 않고 추우며, 여름은 따뜻하지 않고 덥습니다. 이렇듯 더위와 추위는 인간이 피하고픈 자연환경입니다. 당장 몸이 고통스럽기 때문입니다. 그래서 여름이 그렇게 덥지 않고, 겨울이 그렇게 춥지 않은 나라가 있다면 그 나라는 복 받은 나라일 것입니다.

특히 생산성이 떨어지는 여름이 시원하다면 그것은 국가적으로도 타국 대비 큰 복이자 이점일 것입니다. 그래서 여름이 가장 행복한 나라 영국입니다.

날씨와 인간

근대 과학의 시작점이 된 1666년 뉴턴의 만유인력의 법칙엔 날씨도 한몫했을 것입니다. 사과가 나무에서 스스로의 무게로 '툭' 하고 떨어질 정도로 무르익으려면 날씨가 좋아야 하니까요. 쾌청한 햇살과 풍부한 일조량은 당연합니다. 그리고 관찰자인 뉴턴이 사과나무 아래에서 누워 있었다는 것도 날씨가 좋아야 가능한 일입니다. 춥거나 비가 오는데 나무 밑에 누워 있을 사람은 없을 테니까요. 물론 그 이전 사과의 성장기엔 과하지 않은 적당한 비도 필요합니다. 그리고 그가 그 법칙을 발견한 역사적인 그날, 그 하루만 사과나무 아래 누워 있다가 단 한 번의 사과가 떨어진 것을 목격한 것은 아니었을 것입니다. 확률적으론 지속적으로 몇 날이고 누워 있다가 반복되는 사과의 낙과를 보면서 '유레카'를 외쳤을 가능성이 높습니다. 그러려면 날씨가 계속 좋아야 합니다. 고로 뉴턴은 그가 살았던 영국의 좋은 날씨 덕에 만유인력의 법칙을 발견할 수 있었습니다. 그런 날씨 조건을 갖추진 못한 나라였다면 불가능했을 수도 있었다는 것입니다.

인천 공항에 내리자마자 덥고 습한 기운이 코 안으로 확 밀고 들어왔습니다. 집으로 가는 차를 기다리는 동안 그 기운은 곧바로 땀을 생산해 제 몸을 두른 옷과 몸을 하나로 착 붙게 만들었습니다. 크게 움직이지도 않았고 오랜 시간이 걸린 것도 아니었습니다. 아울러 어제와는 다른 불쾌한 기운이 빠르게 올라오기 시작했습니다. 불쾌지수discomfort index가 올라간 것입니다. 이러한 불쾌지수는 인간에게 스트레스를 유발하는 여러 자연환경의 요인들 중에서 온도와 습도를 가지고 그 지수를 매긴 것입니다. 1959년 미국의 조사 연구가인 얼 톰Earl C. Thom이 개발했고 온도와 습도에 민감한 환경인 우리나라와 일본에서 중요 지수로 사용되고 있습니다. 온도가 높고 습도가 높으면 당연히 불쾌지수는 높을 수밖에 없습니다. 그 자체로 스트레스가 생성되어서입니다. 그래서 그 둘 중 어느 하나라도 낮추어 활동에 적합한 환경으로 개선시켜야 합니다. 습도보다는 온도를 낮추는 에어컨이 가장 신속하고도 보편적으로 사용되는 기기일 것입니다.

불쾌지수가 높으면 우리가 요즘 경험하는 것처럼 활동하기도

워털루 브리지에서 바라본 템스강의 아침 전경. 멀리 빅 벤과 런던 아이가 보인다.

힘들고 기분이 좋지도 않습니다. 그만큼 민감해져서 타인과의 사회생활에도 영향을 줍니다. 당연히 업무 효율성은 떨어질 수 밖에 없습니다. 그래서 정부가 나서서 그 지수를 발표하고 그것을 예방하고 냉난방 조절을 권고하고 강제하기도 합니다. 흔히 불쾌지수가 80이 넘으면 대다수의 사람들은 불쾌감을 느낀다고 합니다. 예를 들면 기온이 29도이고 습도가 70퍼센트이면 불쾌지수는 80입니다. 이렇게 습도가 결합된 더위를 가리켜 그냥 더운 것이 아닌 무덥다는 표현을 씁니다. 제가 이 글을 시작한 2024년 8월 첫 주 오늘 서울 한낮 온도는 34도이고 습도는 85퍼센트까지 올라갔으니 불쾌지수는 당연히 그 이상일 것입니다. 상당히 무더운 날씨입니다. 조심해야 할 날씨입니다. 특히 실외에선 말입니다.

우중충한 영국?

2024년 7월 말에 영국을 다녀왔습니다. 위의 인천 공항에 내린 것의 출발지가 영국이었습니다. 정확히는 글래스고 공항에서 출발했습니다. 최초의 도착지는 런던이었습니다. 남부 잉글랜드의 런던에서 북부 스코틀랜드의 글래스고까지 영국의 본토인 그레이트브리튼섬을 나름 종단하고 돌아온 것입니다. 이 글은 영국 이곳저곳을 여행하며 느낀 그 나라의 자연환경에 대한 일반적인 오해와, 그 오해를 유발한 최초의 인지 시점인 저의 학창 시절 인문지리 시간에 잘못 받았던 교육에 대해 바로잡고자 쓰는 글입니다. 우린 영국은 살기에 자연환경이 안 좋은 나라로 배워왔으니까요. 늘 비가 오고, 뿌옇게 안개가 끼고, 으스스하게 춥고 습한 나라로 말입니다. 하지만 제가 머무른 8일간 그런 날씨

영국식 정원을 갖춘 바스의 로열 크레센트 내 호텔

는 영국 남북 어디에서도 만날 수 없었습니다. 마냥 청명하고 푸르른 하늘만 있었을 뿐입니다. 영국 하면 무조건일 것만 같은 비에 대비하기 위해 우산과 비옷을 단단히 준비해 갔지만 그것들을 꺼낼 일은 없었습니다. 비가 전혀 없던 것은 아니었지만 가볍게 뿌리다 그쳤기 때문입니다. 7월 말임에도 최고 온도는 22도를 넘지 않았습니다.

제가 생각하는 중요한 점은 바로 7월 말 한여름 기후가 이토록 안 덥고 시원하다는 것입니다. 우리나라에서 짧게 만나는 공활한 하늘이 펼쳐진 가을날과도 같은 영국의 여름날이었으니까요. 짧은 바다 건너 올림픽이 열린 파리가 있는 서부와 중부의 유럽은 더위 때문에 에어컨 문제로 몸살을 앓고, 심한 경우 스페인 남부의 경우는 한여름 50도 가까이까지 수은주가 올라가는데 영국은 전혀 그렇지가 않은 것이었습니다. 그런데 영국에서 이런 날씨를 만난 것은 제가 운이 좋아서가 아닙니다. 영국의 여름은 늘 그렇다고 하니까요. 6월부터 9월까지의 날씨가 대체적으로 이렇게 10~25도 사이로 최적의 여행철이 이어집니다. 그리고 그 기간에 강수량은 월 50mm 수준에 불과합니다. 그래서 그들은 일상에선 우산까지는 필요 없는 트렌치코트 정도로 비에 대비하며 사나 봅니다. 우리나라의 경우 올해 유난하긴 했지만 지난 7월 강수량은 400mm에 달했습니다.

그런 온도와 강수량으로 한여름의 영국에서 습도는 전혀 신경 쓸 일이 없었습니다. 하루종일 여행의 본전을 뽑기 위해 15,000보 이상씩 빨빨거리며 걸었음에도 전혀 땀이 나지 않았던 것입니다. 그래서 당일 밤 얼굴 세수는 해도 온몸 샤워는 그날은 패스하고 다음 날인 새벽마다 하곤 했습니다. 그렇게 해도 전혀 불편함이 없어서 그렇게 한 것입니다. 하루 종일 몸은 늘 뽀송했으니까요. 그랬던 저이기에 인천 공항에 내리자마자 습함으로 바로 생성된 땀에 대해 민감하게 반응했던 것입니다. 이렇게 덥지 않고 습도도 없으니 영국의 여름엔 불쾌지수가 올라갈 일이 없습니다. 그러니 그 지수는 영국에선 사용할 일도 없을 것입니다.

여름 어드밴티지

여름이 무덥지 않다는 것은 인류 문명의 발달 과정으로 볼 때 대단한 어드밴티지일 것입니다. 무더위는 인간을 지치게 만들어 그가 본래 가지고 있는 신체 능력이나 지적 능력을 저하시키니 말입니다. 그래서 영국 체류 중 든 생각입니다. 영국이 역사상 남들보다 먼저 과학 문명이 발달해 산업혁명을 일으키고 그 문명의 힘으로 세계를 제패해 대영제국을 이루고 1등 선진국이 된 것엔 바로 이런 자연환경의 영향도 작용했을 것이라는 것입니다. 이 글 인트로에서 절반은 우스갯소리로 날씨를 개입시킨 뉴턴의 만유인력의 법칙 예에서 보듯이 말입니다.

옛날에도 긴 여름이 이어지는 기간엔 느리게 일이 진행되거나 아예 일손을 놓기도 했을 것입니다. 어느 시점부터 회사나 학교

요크의 성벽길에서 바라본 요크 대성당. 앞은 고택을 개조한 호텔

는 문을 닫고 휴가나 방학에 들어갔을 것입니다. 바캉스_{vacance}가
한여름 프랑스인들이 더위를 피해 그가 사는 도시를 비우고 남
부 지중해 바닷가로 피서를 떠나는 데에서 유래했다는 것은 잘
알려진 사실입니다. 아마도 지난 여름 파리 올림픽이 끝나는 순
간 파리지엔느들은 올림픽 때문에 미뤘던 바캉스를 미련 없이
떠났을 것입니다. 하지만 영국인들은 그럴 필요가 없었습니다.
물론 그런 단어도 없습니다. 그래서인지 영국인들의 피서는 접
경 국가인 프랑스와는 달리 왠지 낯설게만 느껴집니다. 그들이

여름에 어디로 피서를 간다는 뉴스나 4면이 바다임에도 영국의 유명 피서지가 어디인지 떠오르지 않는다는 것입니다. 그리고 더 나아가 영국 대학의 학제가 타국과는 달리 3년제인 것도 이런 문제없는 여름을 이유로 해서 채택된 것인지도 모른다는 생각까지 듭니다. 그들은 7~8월에도 마음만 먹으면 공부하는 데에 아무 문제가 없으니까요.

이렇듯 무더위는 인류의 적입니다. 인간이 가진 능력과 그것이 발현되는 생산성을 가로막는 적이라는 것입니다. 그래서 무더위가 이어지는 나라, 여름만 있는 나라들 중에서 선진국에 오른 나라는 찾아보기 힘듭니다. 적도와 가까워질수록 문명화 지표는 반비례로 낮아진다는 것입니다. 그만큼 지치고 무기력해져 인간의 신체 활동과 뇌의 활동이 느려지고 무뎌지기 때문일 것입니다. 제가 글을 쓰고 있는 오늘같이 무더운 날엔 집중력의 저하로 정신이 혼미해지기까지 합니다. 그래서 마블 영화에 나오는 아프리카 대륙의 초문명국 와칸다는 말 그대로 만화 속에서나 가능한 나라일 것입니다.

인류는 이 무더위를 인위적으로 극복하기 위해 무던히 애를 써왔습니다. 쿨링 시스템을 개발해온 것입니다. 하지만 물과 바람을 이용한 팬으로만은 한계가 있어 완전하게 극복이 되지 않았습니다. 1902년 캐리어Carrier란 미국인이 그의 이름을 딴 에어컨을 발명하기 전까진 말입니다. 20세기 초 에어컨이 발명되며 인류의 생산성은 획기적으로 올라갔고 생활 영역도 넓어졌습니다. 당장 캐리어의 조국 미국만 보더라도 플로리다주의 인구가 급격히 늘었고 라스베이거스가 개발되었습니다. 뉴욕을 비롯한 동부에 살던 은퇴자들이 대거 플로리다주로 이주했고 도박과 유흥을 즐기려는 사람들이 그 사막 도시로 향한 것입니다. 에어컨이 지대한 공을 세웠습니다. 하지만 영국은 이런 문제에 있어 그 이전부터 자유로웠으니 다른 문명국가보다 경쟁 우위에 있을 수밖에 없었습니다. 그리고 20세기 이후엔 에어컨의 출현으로 모든 국가가 동등한 생산성을 보이게 됐다곤 하지만 에어컨이 실외까지는 커버할 수는 없기에 적어도 여름만큼은 여전히 영국이 유리할 것입니다.

설마 겨울도?

여름을 논하는 김에 영국의 겨울도 한번 보겠습니다. 이 글에선 국가의 과학 문명 발달 과정과 계절을 연계해서 상관성을 이야기하고 있기에 그렇다면 여름 더위 이상 가는 장애라 할 수 있는

중세 마을 코츠월드에서 장난감 오리 경주를 즐기는 관광객

겨울 추위도 알아보기 위해서입니다. 사실 인류 역사상 모든 생산성을 땅에 의존했던 과거 겨울은 오로지 생존에 집중했던 기간이었습니다. 생산은 고사하고 그만큼 겨울을 넘기기 힘들었다는 것입니다. 아마도 그래서 그때 사람들은 겨울잠을 자는 곰을 부러워했을지도 모릅니다. 물론 생산은 멈추었어도 농경이든 수렵이든 다음 봄을 위한 준비 기간이기도 했습니다. 이렇게 겨울은 작업을 중단했던 시기였기에 역사상 겨울에 전쟁이 많았던 이유이기도 합니다. 농사든 목축이든 생업에 종사했던 자

원들을 모집하기 쉬운 기간이었으니까요. 일본 전국 시대엔 특히나 겨울 전투가 많았습니다. 16세기 전후 120여 년간 봄여름 가을엔 농사를 짓고 겨울엔 전투하는 식이었습니다. 당시 전쟁 유발자였던 다이묘들은 이듬해 새로 획득한 영지에서 그들 권력 크기를 상징하는 쌀 수확량을 늘리곤 했습니다.

저는 과거 회사 재직 시 출장으로 11월과 3월에 영국을 방문한 적이 있었습니다. 그땐 런던에서만 체류했었습니다. 일단 보듯이 그 시기가 한겨울은 아니었습니다. 통상적인 늦가을과 초봄을 경험하고 왔습니다. 하지만 그때 우리나라와는 달리 런던에서 쌀쌀한 한기는 전혀 느낄 수 없었습니다. 한겨울인 12~2월 런던에서 거주한 지인들의 말을 빌어도 런던의 겨울은 견디기 힘들 정도로 춥지 않다고 합니다. 일단 아무리 한겨울도 영하로 내려가진 않으니까요. 런던의 1월 평균 기온은 영상 2~7도입니다. 강수량은 여름과 비슷한 50mm 수준으로 비슷하지만 춥지 않으니 눈 대신 비가 내립니다. 대신 그 비는 포근한 눈과는 달리 습도가 있어 차게는 느껴질 것입니다. 하지만 실제 온도가 낮은 것은 아닙니다. 51.5도의 위도로 37도의 서울보다 훨씬 북쪽에 위치하고 있음에도 생각보다 안 추운 것입니다. 서울은 1월 평균 영하 8도~ 영상 2도를 기록하고 있습니다.

사실 런던도 그렇지만 서부와 중부 유럽은 대체적으로 그렇게 춥지 않습니다. 런던과 거의 같은 위도인 베를린의 경우 1월 평균 기온은 영하 2도~ 영상 3도입니다. 하지만 내륙인 동쪽으로 가서 모스크바에 도착하면 1월 평균 기온이 영하 12도~ 영하 6도에 달합니다. 55도의 위도로 런던, 베를린보다 조금 높을 뿐인데 말입니다. 과연 1812년 프랑스의 나폴레옹이 만세를 부르고 제 발로 물러나게 했던 동토의 땅입니다. 더 동쪽 끝 태평양까지 도달하면 블라디보스토크가 1월 평균 영하 16도~ 영하 9도로 추위의 진수를 보여줍니다. 위도상으로는 런던보다 훨씬 남쪽인 43도로 그렇게 추운 것입니다. 이런 차이를 만드는 것은 북극을 넘어온 멕시코 만류의 영향입니다. 영국은 한겨울에도 그 난류가 그레이트브리튼섬을 빙빙 돌고 있어 덜 추운 것입니다. 북부 스코틀랜드의 에든버러조차 1월 평균 기온이 런던과 비슷한 2~7도이니까요.

날씨와 문명

이렇듯 여름에 안 덥고 겨울이 덜 추우니 영국은 과거 냉방과 난방 시설이 개발되기 전부터 경쟁국보다 유리한 위치에 설 수 있었습니다. 특히 생산성에서 차이를 보이는 여름이 덥지 않았던

골프의 성지인 스코틀랜드 세인트앤드루스 GC 올드 코스의 쾌청한 정경

것은 남들보다 큰 축복이었습니다. 겨울이야 나무나 석탄 등의 불로 어떻게 하든 실내의 경우 온도를 높일 수 있었지만 여름엔 물을 사용해도 더위 제거가 원천적으로 불가능했었기 때문입니다. 영국인들은 일찍이 그런 환경에서 과학 문명을 발달시켜 산업혁명을 이루어 남보다 앞서 나갔습니다. 혁명의 아버지인 제

임스 와트의 증기 기관이 세상을 변화시켰습니다. 전 국토에서 양을 치던 목축의 나라가 목장의 울타리는 사라지고 그곳에 공장이 세워져 근대 공업 국가로 가장 먼저 변신했으니까요. 그 증기 기관으로 기차와 철도를 발명한 조지 스티븐슨은 인류의 또 다른 숙제인 교통을 획기적으로 개선시켰습니다.

영국은 그들의 신문명을 바다 건너 대륙으로 전이시켜 다른 유럽의 국가들을 팔로워로 만들었습니다. 영국의 경쟁국들은 그 기술을 전수받아 그때부터 출발을 시작한 것이니 당연히 따라잡는 데엔 시간이 걸릴 수밖에 없었습니다. 이전엔 동등하게 발전되어 왔던 유럽의 국가들이 마치 결혼할 때 자가 소유의 집을 갖고 시작하는 신혼부부와 임대로 시작하는 신혼부부 사이엔 큰 차이가 존재하는 것과 같이 영국 이니셔티브의 새로운 근대를 맞이하게 된 것입니다. 대영제국British Empire이라 부르는 해가 지지 않는 영국의 시대가 시작된 것입니다. 그 힘으로 영국은 세계로 뻗어나갔고 그것을 과시하는 세계만국박람회를 1851년 가장 먼저 열었습니다. 그리고 좋은 날씨를 바탕으로 국민의 여가에 기여하는 축구, 골프, 럭비, 테니스, 배드민턴, 크리켓 등으로 스포츠 분야에서도 혁명을 이루었습니다. 모두 실외 스포츠입니다.

물론 잦은 비와 안개, 그리고 겨울엔 낮이 짧아 생활이 불편한 점도 있었겠지만 그것은 더위와 추위에 비하면 부차적인 핸디캡이었습니다. 어쩌면 그런 날씨로 인해 영국은 과학의 선진성에 비해 음악과 미술 등의 예술적 성과에선 대륙의 다른 국가들보다 뒤졌을 것입니다. 일단 우리 머릿속에 딱 떠오르는 영국의 유명 클래식 음악가는 엘가 정도뿐이니까요. 헨델은 독일에서 귀화했으니 정통 영국 음악가는 아닙니다. 아무래도 음악은 중부나 동부 유럽의 찬바람 부는 날씨에 책상에 앉아 외투 깃을 세우고 작곡에 전념하는 독일이나 오스트리아가 강세였습니다. 미술의 경우도 빛과 관련이 있기에 사시사철 햇살이 강한 프로방스를 가진 프랑스나 이탈리아, 스페인 등이 전통적으로 강했습니다. 그래서인지 영국은 독일의 한스 홀바인이나 벨기에의 반 다이크 등을 수입해서 궁정 화가로 고용했습니다. 영국 화가로는 윌리엄 터너, 앳킨슨 그림쇼, 윌리엄 워터하우스 정도가 떠오릅니다. 물론 라파엘전파로 활동했던 일단의 화가들도 있긴 했습니다.

문학의 경우는 좋은 날씨에 더해 우울한 기운까지 감돈 영국의

런던의 중심 트라팔가 광장에서 오늘도 영국의 바다를 수호하고 있는 넬슨 제독

자연환경이 이점이 있던 것으로 보입니다. 낭만주의의 시조인 워즈워스의 《무지개》는 영국의 비와 해, 하늘이 만든 것이니까요. 바이런, 테니슨, 브라우닝 등의 시인들과 셰익스피어, 브론테 자매, 제인 오스틴, 디킨즈, 스콧 등의 뛰어난 작가들이 있었습니다. 모두가 산업이 평준화되기 이전인 20세기 이전의 작가들입니다. 오늘날엔 자연환경과 문예의 상관성이 과거보단 낮을 것입니다. 실내 환경도 개선되었지만 작가가 원하면 어디든 옮겨 가서 작업을 할 수 있으니까요.

갈망의 섬, 브리튼

그레이트브리튼섬이라 불린 고대 영국엔 아메리카 대륙의 인디언과도 같은 원주민이 살았을 것입니다. 기원전 6세기 그 섬에 유럽 대륙에 광범위하게 흩어져 살고 있던 켈트족이 건너갔습니다. 그 후 남부 유럽의 로마인인 라틴족이 들어가 그곳을 점령하고 브리타니아 속주로 삼았습니다. 시작은 오늘날 프랑스인 갈리아를 정복한 율리우스 카이사르가 기원전 55년경 그곳을 두 번 방문한 것이었습니다. 로마인은 먼저 들어와서 살고 있던 켈트족들을 몰아붙여 그 섬의 서남부 끝과 바다 건너까지 내쫓았습니다. 그렇게 쫓겨간 자들은 오늘날 웨일스, 스코틀랜드, 아일랜드 사람들의 조상이 되었습니다. 남쪽 바다 건너 피신한 자들은 프랑스의 브르타뉴인이 되었습니다. 하지만 로마제국이 시들해지며 410년 라틴족은 브리타니아에서 철수했습니다. 이후 게르만 민족의 이동으로 그 섬의 주인은 대륙의 서부에서 건너간 앵글족과 색슨족으로 바뀌었습니다. 오늘날 잉글랜드의 주류가 되는 앵글로색슨족의 브리튼 입성입니다.

앵글로색슨족은 7개의 왕국을 세웠습니다. 하지만 이민족의 침략은 지속되어 이번엔 북부 유럽에서 바이킹이 그 섬을 노리고 남하했습니다. 특히 오늘날 덴마크인의 조상인 데인족의 침략이 거셌습니다. 하지만 9세기 알프레드 국왕이 바이킹을 물리치고 잉글랜드 왕국의 초석을 쌓았습니다. 이후에도 바이킹의 침략이 계속되는 가운데 프랑스인 노르망디에서 건너간 윌리엄이 1066년 잉글랜드를 정복하고 노르만 왕조를 열었습니다. 오늘날로 이어지는 영국 왕가의 시작입니다. 이후 영국은 여러 왕조를 거치며 프랑스와는 왕위 계승과 영토 문제로 침략을 주고받는 역사를 이어갔습니다. 하지만 그 후로 영국에 상륙한 민족이나 나라는 없었습니다. 전 유럽을 호령했던 나폴레옹과 히틀러도 갈 수 없었습니다. 대신 앵글로색슨족인 영국이 강대해져 세계로 뻗어나가는 반대의 역사가 펼쳐졌습니다.

간략한 영국의 민족 이동사를 살펴보았습니다. 보듯이 고대로부터 영국은 유럽 전역에서 그 땅을 탐냈던 여러 민족들의 많은 침략을 받아왔습니다. 이유는 그만큼 살기 좋아서였을 것입니다. 오로지 자연환경에 의존했던 과거에 그곳이 살기에 나쁘거나 불편했다면 그렇게들 목숨을 걸고 탐을 내지 않았을 테니까요. 특히 주목할 것은 로마제국이 들어왔다는 사실입니다. 그들은 지중해를 내해로 가장 살기 좋은 곳들까지만 침공해서 그들의 제국으로 삼았었으니까요. 그런데 그레이트브리튼섬은 북쪽에 위치했음에도 막상 가서 보니 여름에 덥지 않고 겨울에 춥지 않았던 것입니다. 그리고 북쪽 하이랜드까지 광활한 목초지가 저지대로 끝없이 이어져 농경과 목축에도 적합한 땅이라 그들의 속주로 삼았을 것입니다. 122년 하드리아누스 황제가 건설한 브리타니아 북쪽의 방벽은 로마제국의 최북단 국경이었습니다. 그 북쪽도 살기에 좋았다면 로마는 바이킹이 살던 덴마크나 스칸디나비아 반도까지 진격을 했을 것입니다.

오늘날 선진국의 또 하나 지표인 인구 측면에서 보아도 영국의 인구는 6천8백만 명에 달하는 대국입니다. 프랑스는 6천5백만 명, 독일은 8천3백만 명으로 인구로도 그들은 러시아를 제외하고 유럽의 빅 쓰리입니다. 과거 미국, 캐나다, 오스트레일리아, 뉴질랜드, 남아공 등 많은 나라로 자국의 국민을 이주시켰음에도 영국은 이렇게나 많은 인구를 보유하고 있는 것입니다. 영토로 보면 프랑스, 독일, 영국 순으로 3국 중에선 가장 작습니다. 그러함에도 인구가 많다는 것은 예로부터 많은 사람들이 살아왔고 그만큼 유럽에서 살기 좋았던 땅이었다는 것을 반증하는 지표라 할 수 있을 것입니다. 결코 습하고 춥고 뿌연 나라가 아니라는 것입니다. 살기 좋은 자연환경을 가진 나라 영국입니다. 특히 인간이 활동하기에 가장 힘든 여름이 가장 행복한 나라입니다. 이 글을 마친 2024년 8월 8일, 검색해보니 런던의 최고 기온은 22도입니다.

글 속 사진들은 2024년 7월 영국 각지의 여름 모습입니다. 글에 등장하는 기온은 모두 네이버 날씨를 참조했습니다.

로마에서 로맨스까지

바스

이름엔 대개 그 유래가 담겨있습니다. 그것은 도시명도 마찬가지
입니다. 영국엔 너무나도 선명한 유래가 담긴 이름의 도시가 하
나 있습니다. 목욕이란 뜻을 지닌 고대 로마 온천 휴양지 바스Bath
입니다. 하지만 그 도시는 이름 그대로 단순한 온천 휴양지가 아
닙니다. 근대에 들어서 세계 건축사에 빛나는 신흥 랜드마크가
세워졌기 때문입니다. 그로 인해 중세엔 죽었던 도시가 다시 살
아났습니다. 다른 큰 도시들을 제치고 수도 런던 다음으로 각광

받은 화려한 도시가 된 것입니다. 시대별 영국의 역사가 모두 살아있는 명품 도시 바스를 향해 갑니다.

브리타니아 시절

그레이트브리튼섬 남부 런던은 고대 로마시대 그 섬을 침공해 브리타니아 속주를 개척한 라틴족이 세운 도시였습니다. 바다에서 템스강을 거슬러 올라가 내륙으로 진출하는 교통의 요지에 요새를 건설한 것입니다. 당시의 이름은 론디니움으로 현재 첨단 금융가인 시티 지구가 그곳 오리지널 런던입니다. 상대적으로 런던의 템스강 서안 버킹엄 궁전과 국회의사당이 있는 지역은 웨스트민스터 지구라 부릅니다.

그레이트브리튼섬 중부에 위치한 요크는 고대 로마인이 세운 요새를 북부에서 내려온 바이킹족이 발전시킨 도시입니다. 살기 좋은 남쪽을 침공하기 위해 상대적으로 그들과 가까운 지역인 요크를 거점 도시로 삼은 것입니다. 세계 최고의 도시인 미국 뉴욕(뉴요크)의 기원이 되는 도시입니다. 요크는 중세 초기 영국인 7왕국 시절 노섬브리아 왕국의 수도였습니다.

브리튼섬 북부에 위치한 스코틀랜드의 에든버러는 그곳이 고지 대로 척박한 데다가 사람들도 강인해 외지인이 탐을 덜 냈던 관계로 현지인이 세운 도시입니다. 로마인에 의해 북쪽으로 쫓겨 간 켈트족의 후예들이 세운 요새가 발전한 것입니다. 당시 로마 인은 스코틀랜드를 거칠고 강인한 사람이란 뜻을 가진 그곳 켈 트족을 가리키는 말에서 유래한 칼레도니아라 불렀습니다. 그 들 때문에 로마제국은 그레이트브리튼섬 싹쓸이에 실패했기에 스코티시에게 칼레도니아는 매우 영예로운 이름으로 들렸을 것 입니다.

로마인은 그들이 개척한 식민지인 속주에 많은 도시를 건설했 고 그곳에 그들의 문화와 문명을 이식하였습니다. 그래서 제국 의 쇠락과 멸망으로 그들이 철수한 후에도 그것은 남아서 유산 이나 유적이 되었습니다. 특히 유적은 건축 분야에서 발군의 실 력을 보였던 로마인이었기에 지금도 그들의 제국이었던 지중해 주변의 유럽과 북아프리카, 소아시아 곳곳에서 과거의 영광을 가늠하게 하고 있습니다. 물론 그곳에서 멀리 떨어진 오늘날 영 국인 브리타니아도 예외는 아니어서 영국 곳곳엔 로마의 많은 유적들이 남아있습니다.

런던의 대표 명물인 템스 강가의 런던타워는 도버해협을 건너
온 정복왕 윌리엄이 1070년 건설을 시작했습니다. 맨땅에 세운
것이 아닌 로마인이 쌓은 성벽 위에 세웠습니다. 그곳은 말이 탑
이지 성에 가깝습니다. 요크엔 요크 민스터라 불리는 커다란 성당
마당에 313년 기독교 공인으로 유명한 콘스탄티누스 황제의 동
상이 서있습니다. 당시 서방정제였던 그가 로마제국의 황제로
취임한 곳이 바로 요크였기 때문입니다. 그는 그곳에서 아버지
를 도와 속주의 영토를 북방으로 확장 중에 있었습니다. 그 성당
을 둘러싼 요크 성벽도 로마인이 세운 것입니다. 스코틀랜드와
브리타니아의 국경엔 122년 로마의 하드리아누스 황제 때 쌓은
120km에 달하는 방벽이 있습니다. 칼레도니아의 저항에 넌더
리가 난 로마인이 상호불가침 선으로 그 벽을 쌓은 것입니다. 흡
사 작은 만리장성처럼 보이기도 하는 그 방벽은 오늘날 스코틀
랜드와 잉글랜드의 국경선과도 거의 유사합니다.

로마인의 핫플레이스

그래도 영국에서 로마 시대의 흔적이 완전체에 가깝게 남아있
는 도시를 꼽으라면 그곳은 바스일 것입니다. 아직도 로마 시대
의 기능이 살아있는 유적이 있는 도시이니까요. 바스는 런던에

서 서쪽으로 200km쯤 가면 나오는 고대 로마의 온천 휴양지입니다. 그곳이 중세, 근세 이후로도 발전하여 오늘날 영국의 유명한 관광 도시가 된 것입니다. 로마인이 그 땅의 지배자였던 시절 바스는 브리타니아 전역에 있던 귀족이나 장교의 핫플레이스였을 것입니다. 뜨거운 온천이 샘솟기도 했지만 그곳엔 목욕과 연계된 체육과 오락 시설 등도 갖춰있었으니까요. 실제 가서 보면 욕탕 이외에 다양한 용도의 공간이 지금도 남아있습니다.

로만 바스Roman Bath라 불리는 바스의 욕장은 지금도 방문객들 앞에서 뜨거운 온천수를 콸콸 쏟아내고 있습니다. 상태도 유적지만 아니라면 텀벙하고 탕에 들어가 온천욕을 즐겨도 될 정도로 온전해 보입니다. 목욕 문화의 대명사격인 수도 로마의 카라칼라 욕장은 6세기에 고트족의 침공으로 파괴되었는데 그들의 식민지인 브리타니아에 서기 60~70년 건설한 욕장은 아직까지도 멀쩡한 것입니다. 과연 목욕이 도시 이름이 되어버린 바스답습니다. 물론 로만 바스는 잉글랜드로 넘어온 이후 시절 몇 번의 리뉴얼을 거치긴 했습니다.

그런데 바스가 그때부터 계속해서 2천년 동안 온천 휴양지로 명맥을 이어온 것은 아닙니다. 역사가 바뀌면서 도시의 운명도 바

2천년 전 로마인이 지은 온천 욕장인 로만 바스

뀌었기 때문입니다. 욕장을 애지중지한 로마인은 제국의 쇠락과 함께 410년 브리타니아에서 철수했습니다. 당시 남아있던 현지인들은 지배자인 그들의 철수를 좋아한 것이 아니라 다시 돌아와서 그들을 보호해 달라고 로마에 있는 황제에게 청원을 하였습니다. 하지만 당시 황제였던 호노리우스의 대답은 "너희들끼리 알아서 잘 먹고 잘 살아라"였습니다. 그러고 나서 서로마제국은 66년 후인 476년 멸망하였습니다. 그만큼 거대 제국을 운영할 여력이 없던 것이었습니다. 서로마제국을 멸망시킨 게르만 민족은 예외 없이 과거 로마인들이 그랬던 것처럼 살기 좋은 그레이트브리튼섬도 침공을 하였습니다. 라틴족을 대체한 앵글로색슨족이 그 섬에 들어온 것입니다.

차가운 중세

기독교로 개종한 앵글로색슨족은 675년 바스에 수도원을 세웠습니다. 그런데 그 장소가 온천탕인 로만 바스 바로 옆이었습니다. 그러면서 로만 바스는 그 수도원의 부속 건물로 용도가 바뀌었습니다. 과연 금욕과 청빈의 시대인 중세였습니다. 로마 시대엔 벌거벗고 활보하며 휴양을 즐겼던 시설이 엄격한 수도원이 되었으니까요. 그러다가 훗날 그 수도원은 바스 대성당Bath Abbey

바스의 중심가. 중앙에 바스 대성당, 오른쪽 건물이 로만 바스

으로 변신해 문패를 바꾸어 달았습니다. 카톨릭 수도원이었기에 헨리 8세 때 수난을 겪어 폐쇄되기도 했지만 1620년 개신교인 성공회의 성당으로 그간 닫혀있던 문을 연 것입니다. 하늘까지 연결된 야곱의 사다리 부조로 유명한 그 성당은 유럽의 모든 도시가 그러하듯이 바스 올드타운의 중심가에 있습니다. 그러면서 18세기 초 중세엔 침묵했던 바스에 다시 활기가 돌기 시작했습니다. 대명천지, 근대의 시작입니다.

로맨스의 부활

런던의 귀족들은 잃어버린 도시와도 같았던 바스를 다시 주목했습니다. 로만 바스가 건설된 이후 2천 년이 지난 지금도 온천수가 나오는데 18세기 그때도 멈출 리 없었을 테니까요. 그래서 그들은 바스로 요양 겸 온천 여행을 떠나기 시작했습니다. 그들 중엔 인플루언서 중의 최고 인플루언서인 당시 앤 여왕도 포함되어 있어 1702년 그녀는 온천욕을 위해 바스로 향했습니다. 우리 조선 시대에 세종을 비롯한 영정조 등의 왕들이 병약해진 몸을 담그기 위해 온양 온천으로 향하고 그곳에 온궁까지 둔 것과 비슷한 행차였습니다. 이렇게 초상류층이 움직이며 바스는 다시 살아나기 시작한 것입니다.

사실 요양과 여행은 과거엔 왕족이나 귀족 등 상류층의 전유물이었는데 출현한 순서로 보면 요양이 먼저이고 여행은 나중이었습니다. 여행은 여가선용의 유희라 안 가도 그만이지만 요양은 건강이나 생명과 직결되기에 서둘러 몸에 좋다는 곳으로 떠났으니까요. 오늘날 경제 포럼으로 유명한 스위스의 다보스도 본래는 맑은 공기를 찾는 결핵 환자들의 요양지였습니다. 이렇게 요양을 다니면서 여행과 관련한 교통수단, 용품, 가이드, 숙박 시설과 식당 등 많은 인프라가 발전했을 것입니다. 루이뷔통은 요양이든 여행이든 집을 나서는 상류층을 위해 화려하면서도 튼튼한 가방을, 에르메스는 더욱 폼 나고 오래가는 마구를 만들기 시작했습니다.

그리고 18세기 말 산업혁명이 시작되었습니다. 도로는 더 넓어지고 마차 대신 기차와 자동차가 출현했습니다. 바스는 더욱 발전했고 외지 방문객은 늘어만 갔습니다. 하지만 그 시기 바스의 획기적인 발전엔 온천인 로만 바스 이외에도 그곳에 새로 지어진 어떤 건축물이 큰 역할을 하였습니다. 2009년에 발간된 《죽기 전에 꼭 봐야 할 세계 건축 1001》에도 선정된 로열 크레센트 Royal Crescent 입니다.

조지안 양식의 아름다운 건축물 로열 크레센트. 하단은 바스 시민의 공간인 로열 빅토리아 파크

랜드마크, 로열 크레센트

1775년 바스의 언덕 위엔 밑에서 보면 하늘에 떠있는 노란 초승달이 지상으로 내려와 안착한 것만 같은 길고도 아름다운 건축물이 세워졌습니다. 수도인 런던에서도 보지 못한 이국적인 건축물이 지방의 조그만 휴양지에 들어선 것입니다. 그 초승달 건축물은 아래에서 보면 마치 거대한 UFO가 착륙해 있는 것처럼 보이기도 합니다. 건축가인 존 우드 부자가 야심차게 건설한 석조 건물로 16세기 르네상스 시대 건축가인 안드레아 팔라디오의 영향을 받은 신고전주의 건축물입니다. 이 시기 영국의 건축

로열 크레센트의 앞뒤 모습. 뒤편은 각 세대의 개별 정원. 사진 상단 나무를 에워싼 건물이 서커스 | ©Arpingstone

물들은 당시 왕인 조지의 이름을 따서 조지안 양식Georgian architecture 이라고 불립니다.

로열 크레센트의 정체는 4층의 고급 타운하우스로 그곳엔 30채 의 호화 주택이 붙어있습니다. 건물 앞으로는 그 곡면이 품은 프 라이빗한 잔디밭이 있고 그 아래로 바스 주민의 쉼터인 로열 빅 토리아 파크가 있습니다. 초승달을 닮은 파사드 뒤편으로는 각

세대의 개별 정원이 있습니다. 그리고 우측 옆으로 300m 떨어진 곳엔 존 우드 부자의 또 하나의 작품인 보름달을 닮은 서커스 Circus라 불리는 원형 타운하우스가 있습니다. 건물 사이 세 방향으로 길을 내고 3채가 동그랗게 중앙을 감싸고 있어 그런 이름을 붙인 듯싶습니다.

낭만의 시대

신전이나 궁전과도 같이 아름다운 로열 크레센트의 출현으로 바스는 일회성으로 한번 가서 온천하고 돌아오는 휴양지가 아닌 정주형 도시로 발전했습니다. 런던의 귀족을 비롯한 상류층이 바스에 체류하거나 살기를 희망했으니까요. 물론 그들이 그러고픈 집은 단연 로열 크레센트였습니다. 로열 핫플레이스로 떠오른 것입니다. 실제로 그곳엔 당시 영국의 많은 유명인들이 살았습니다. 퍼스트 하우스로든, 세컨드 하우스로든 그들 눈높이와 기호에 맞게 지어졌기 때문이었을 것입니다.

이렇게 구매력 있는 상류층이 언덕 위 로열 크레센트에 거주하게 되니 그 아래엔 그들에게 물품이나 서비스를 제공하는 사람들이 몰려오고 시설들이 들어섰습니다. 마치 과거 일본의 다이묘가 사는 성 아래 마을인 조카마치城下町와도 같은 도시 구조가 된 것입니다. 지금도 쇼핑 거리로 유명한 밀섬 스트리트엔 당시 웨지우드 도자기 매장을 비롯해 상류층의 의식주를 충족시켜주는 각종 명품 매장들이 들어섰습니다. 런던의 명품 거리인 본드 스트리트의 축소판이 바스에 들어선 것입니다. 아마도 당시 바스 대성당에서 걷히는 헌금은 오늘날까지 그 성당 400년 역사상 사상 최고를 기록했을 것입니다.

귀족들은 바스에 와서 온천만 하지 않았습니다. 그들의 속성상 유희도 즐긴 것입니다. 그래서 바스엔 당시 최고의 오락인 무도회가 끊이지 않았습니다. 점점 사교의 중심지가 되어간 것입니다. 로열 크레센트 저택에서 아침을 맞은 그들은 집에서 오전을 보내고 오후엔 로만 바스로 향했을 것입니다. 그곳엔 온천뿐이 아니라 사교의 중심이 된 펌프 룸Pump Room이 있었으니까요. 본래는 온천을 하고 영양분이 함유된 온천수를 마시는 곳이었지만 그들은 그곳에서 애프터눈 티와 카드놀이 등도 즐겼을 것입니다. 그리고 밤이 되면 바스 곳곳에 있던 어셈블리 룸Assembly Room으로 자리를 옮겨 무도회나 음악회를 즐겼습니다. 정치나 비즈니스가 복잡하게 얽혀있는 런던과는 달리 온전히 치유와 유희만 있는 아더왕의 아발론과도 같은 바스가 된 것입니다.

천년 전부터 지금까지 온천수를 쏟아내고 있는 로만 바스의 수원. 앞에 "Work in Progress"라 쓰여있다.

제인 오스틴의 흔적

로열 크레센트에서 로만 바스 사이의 언덕을 내려가다 보면 한 유명 여류 작가의 집이 나옵니다. 우리에게 《오만과 편견》으로 유명한 제인 오스틴의 집입니다. 그 집은 그녀가 20대 중후반 시절인 1801년부터 6년간 가족과 함께 살았던 곳으로 지금은 제인 오스틴 센터가 되어 방문객들을 맞고 있습니다. 근처인 햄프셔에 살았던 그녀의 가족이 왜 바스로 이사 왔는지는 모르겠

바스의 제인 오스틴의 집. 현재는 그녀의 문학 흔적을 볼 수 있는 제인 오스틴 센터로 운영된다.

으나 당시 바스는 영국인 모두가 살고 싶은 선망의 도시였습니다. 특히 혼기가 찬 딸들을 가진 부모들은 더 그랬습니다. 어쩌면 제인 오스틴의 부모도 혼기가 찬 여식인 제인 오스틴의 신랑을 구하기 위해 바스로 이사 왔을지도 모릅니다. 언덕 위에 있는 로열 크레센트의 입성을 꿈꾸면서 말입니다.

하지만 진실한 사랑을 추구했던 제인 오스틴이었기에 그녀는 바스를 별로 좋아하지 않았습니다. 바스에서 옥스퍼드 출신의 매우 부유한 연하의 청년에게 청혼도 받아들였으나 그녀는 곧장 번복하고 평생 독신으로 살았습니다. 어쩌면 그때 그녀의 머릿속엔 집안 사이즈가 맞지 않아 헤어진 첫사랑이 떠올랐을지도 모릅니다. 그런 딸에게 충격을 받았는지는 모르겠으나 그녀의 아버지는 1805년 그녀가 29세 되던 해에 갑작스레 사망했습니다. 그리고 그녀는 바스를 떠났습니다. 본래 살던 햄프셔로 다시 이사를 간 것입니다. 이사 후 쓴 그녀의 작품인 《설득》과 《노생거 수도원》에선 바스에 대한 묘사가 나옵니다. 어쩌면 그녀에게 바스는 애증이 서린 도시로 기억될지 모르겠습니다. 그렇게 그녀는 바스를 떠났지만 오늘도 그녀의 집 앞엔 그녀를 만나기 위해 많은 방문객들이 줄을 서서 다음 입장 순서를 기다리고 있을 것입니다. 2024년 7월 제가 그랬듯이 말입니다.

사교계의 양대 메카

넷플릭스의 인기 드라마 〈브리저튼〉에선 귀족의 여식인 과년한 레이디의 집 앞에서 순서를 기다리는 많은 젊은 귀족남들이 나옵니다. 아름답고 인기 많은 그녀를 만나기 위해서입니다. 이렇듯 〈브리저튼〉은 근대 19세기 초 영국 상류 사회의 사랑과 결혼을 다룬 드라마입니다. 아니 사랑은 아래로 깔려서 덜 보이고 그보다는 결혼이 압도적으로 많이 보이는 드라마입니다. 하지만 그들의 결혼은 그렇게 아름답게 보이지만은 않습니다. 그것은 거래이고 비즈니스였으니까요. 사교 시즌이 되면 성장을 하고 사교계에 데뷔하는 레이디들과 그렇게 결혼 시장에 나온 그녀들을 주목하는 젊은 귀족남들은 매우 바빠집니다. 결혼을 만드는 것이 사랑이 아니고 이익이기 때문에 고려해야 할 것이 많아서입니다. 그들 남녀는 서로 마주치는 순간 머릿속에서 빠르게 주판을 튕기며 손해 보는 장사는 피해 갑니다. 서로의 가문에 도움이 되는 최고의 신랑감과 신붓감을 찾기 위해 밀당을 펼칩니다. 금맥에 버금가는 혼맥을 캐기 위해 애를 쓰는 것입니다.

그들에게 무도회는 사교계의 무대이자 공인된 결혼 시장입니다. 그래서 드라마 〈브리저튼〉은 많은 시간을 화려한 무도회에

할애합니다. 의상도 무려 1700벌이나 동원되었다고 합니다. 무도회에서의 젊은 귀족 남녀와 귀족 부인들이 상대를 관찰하는 모습이나 매칭하는 방법은 흡사 당시 영국의 식민지였던 카리브해의 노예 시장과 별반 달라 보이지 않습니다. 그런 곳에서 추문성 가십의 양산은 필수입니다.

이 드라마의 배경은 수도 런던이지만 그것은 그 시절 바스도 다르지 않았습니다. 바스에서도 사교 시즌엔 1주일에 두 번씩 무도회가 열렸다고 하니까요. 영국에서 런던 다음으로 많은 무도회가 열린 도시였습니다. 그렇듯 바스에선 많은 커플이 탄생했을 것입니다. 위의 제인 오스틴도 어쩌면 결혼할 뻔했던 돈 많은 구혼남을 바스의 무도회에서 만났을지 모릅니다. 실제로 〈브리저튼〉 드라마는 바스에서 많은 촬영이 이루어졌습니다. 특히 귀족의 저택인 위의 로열 크레센트의 모습은 드라마에서 빈번하게 등장합니다.

로맨스여, 영원하라

하지만 바스는 화려한 그 명성을 계속해서 이어가지 못했습니다. 사치와 도박, 무질서와 성적 문란함으로 소돔과 고모라까지

250년 전인 1775년 8년의 공사 끝에 입주가 시작된 로열 크레센트의 전면부

는 아니더라도 이런 지나친 향락이 문제가 되며 도마 위에 오르기 시작한 것입니다. 언론에서 바스를 비판하는 기사들이 뜨기 시작했습니다. 그러자 상류층은 그들의 프라이버시가 보장되는 조용한 휴양지를 찾아서 떠나갔습니다. 화려하고 달콤했던 바스의 골든 에이지와 벨 에포크가 끝난 것입니다. 로열 크레센트에서의 파티는 끝났고, 펌프 룸은 썰렁해졌으며, 어셈블리 룸에서의 무도회는 더 이상 열리지 않았습니다. 그리고 로만 바스의 온천수도 현대에 들어와선 목욕과 음용이 중지되었습니다. 위생의 문제점이 제기된 것입니다.

하지만 바스는 지금도 연간 3백만 명이 찾는 매력적인 도시로 영국은 물론 전 세계에서 많은 관광객들을 불러 모으고 있습니다. 브리타니아 시절인 고대 영국의 모습과 잉글랜드 시절인 중세 영국의 모습, 그리고 그레이트브리튼 시절인 근대 영국의 모습을 모두 볼 수 있는 역사적인 도시이니까요. 온천을 못 해도, 무도회에 못 가도 보는 것만으로도 유익하고 즐거운 도시가 된 것입니다. 문학은 보너스입니다. 그래서 바스의 거리를 걸을 때엔 마치 영국의 역사책을 넘기면서 걷는 것과 같은 기분이 듭니다. 2024년 7월 거리엔 바스 대학교의 가운을 입고 활보하는 학생들이 관광객들 틈에 많이 보였습니다. 그날이 그 학교의 졸업식이 열린 날이었기 때문입니다. 로열 크레센트 앞 잔디 공원, 바스 대성당 앞 광장, 밀섬 스트리트 쇼핑가 곳곳에서 그들은 시원한 영국의 여름 햇살 아래 왁자지껄 환하게 웃으며 졸업의 기쁨을 만끽하고 있었습니다. 그 모습은 이후 UK가 된 현대 영국의 한 모습입니다.

그런데 현재 로열 크레센트엔 어떤 사람들이 살고 있을까요? 안다 해도 그들이 누구인지는 모르겠지만 그냥 궁금해서 든 생각입니다. 아마도 도시 바스와 로열 크레센트의 역사를 잘 이해하고 있는 사람들이 살고 있을 것입니다. 그 30채의 저택 가운데

로만 바스의 두 여신 술리스, 미네르바의 한 모습 두상

현재 1호 집은 박물관이 되었고, 15호와 16호 집은 5성급 럭셔리 호텔이 되었습니다. 견학과 체험의 공간으로 사용되는 것입니다. 27채는 여전히 개인 주택입니다.

로마보다 오래된 전설

바스의 로만 바스엔 그 온천탕을 상징하는 여신이 있습니다. 그런데 한 명이 아니고 두 명입니다. 한 명은 고대 그레이트브리튼 섬의 원주민격인 켈트족의 여신입니다. 켈트족은 그곳을 그녀의 이름을 딴 술리스라 불렀습니다. 그녀는 지혜의 여신이었습니다. 그리고 그 섬에 입도한 라틴족도 그 여신을 존중했습니다. 그렇게나 많은 로마 신화 속 신들을 보유하고 있음에도 식민지의 신을 버리지 않고 인정한 것입니다. 아마도 그들은 온천을 즐기며 때가 될 때마다 켈트족의 그녀에게 제사도 지냈을 것입니다. 대신 술리스를 그들 로마제국의 미네르바 여신과 동일시하고 함께 표기를 하였습니다. 그들 세계에선 그녀 역시 그리스 시대 때부터 지혜를 관장해온 여신이었으니까요. 그렇지만 로만 바스의 온천수는 더 센 미네르바가 들어왔음에도 그때부터 지금까지도 아쿠아 술리스Aqua Sulis라 불리고 있습니다.

혹여 오리지널 여신인 술리스가 삐쳐서 온천 수원을 끊을까 싶어 그대로 예우해준 것일까요? 워낙 목욕을 좋아했던 로마인이었으니까요. 그렇게 로마인은 브리타니아의 토착신을 그들의 신과 동등하게 대우해 주었습니다. 저 멀리 떨어진 유대 속주의 신 예수 그리스도의 경우는 인정하는 데만도 300년이나 넘게 걸렸으면서 말입니다. 그것에 부응해서인가 로만 바스의 온천수는 2천년 전인 그때부터 지금까지도 멈추지 않고 계속해서 콸콸 샘솟고 있습니다.

셰익스피어의 최고 명작

스트랫퍼드어폰에이번

마치 셰익스피어의 작품명인 것만 같은 스트랫포드어폰에이번 Stratford-upon-Avon은 그가 태어나고 죽은 곳으로 연간 6백만 명이 찾는 세계적인 관광지입니다. 아마도 지구상 전 위인을 통틀어 생가 중에선 가장 많은 사람들이 찾는 곳일 것입니다. 그런 만큼 셰익스피어는 세계 문학사상 최고로 손꼽히는 작가입니다. 산문인 희곡 36편에 운문인 소네트 154편을 남겼습니다. 그런데 만약 셰익스피어가 영국인이 아니고, 그래서 그의 작품들이 영

스트랫퍼드어폰에이번에 있는 셰익스피어 동상. 뒤편에 생가가 보인다.

어로 쓰이지 않았어도 그런 유명세와 지위를 유지하고 있을까요? 똑같은 그이고 그의 작품들인데 말입니다. 일단 그의 고향부터 가보겠습니다.

이탈리아를 사랑한 잉글리시맨

윌리엄 셰익스피어, 그는 운문과 산문을 자유자재로 넘나든 다작의 작가이지만 그의 모국인 영국(잉글랜드)을 배경으로 한 허구성 희곡은 단 한 편밖에 쓰지 않았습니다. 〈윈저의 유쾌한 아

낙들〉이란 작품입니다. 존, 리처드, 헨리 이름을 단 잉글랜드 왕
들을 소재로 한 10편의 작품들은 모두 역사적 인물이니 순수한
허구라고 볼 수 없습니다. 〈리어왕〉은 고대 브리튼 왕국, 〈맥베
스〉는 스코틀랜드가 배경이니 엄밀히 말해 그의 모국은 아닙니
다. 그런데 그는 이탈리아를 배경으로 한 희곡은 무려 10편이나
썼습니다. 그가 쓴 전체 희곡의 1/3을 넘는 수준입니다. 이것은
꽤나 놀라운 일입니다. 작가들은 대개 그가 태어난 나라나, 그가
살던 지역을 배경으로 한 작품들을 주로 쓰기에 그렇습니다. 그
럴 수밖에 없습니다. 설령 허구라 할지라도 정확도 면에서, 그리
고 작가의 경험이 작동하기에 덜 불편해서 그럴 것입니다. 셰익
스피어와 동시대를 살다가 신기하게도 같은 해 비슷한 날에 죽
은 세르반테스나 괴테, 톨스토이, 빅토르 위고 등 유럽의 각 나
라를 대표하는 위대한 작가들의 예에서 보듯이 말입니다.

더 놀라운 것은 셰익스피어는 평생 이탈리아를 단 한 번도 간 적
이 없다는 것입니다. 지금처럼 인터넷을 비롯한 문헌정보가 크
게 발달하지 않은 시대에 그는 제한된 정보에 상상을 더해 이탈
리아를 배경으로 한 10편의 대작을, 그것도 모두 각기 다른 도
시를 배경으로 한 작품을 쓴 것입니다. 이것은 간단한 일이 아닙
니다. 희곡이나 소설이 등장인물과 줄거리만 있으면 되는 것이

아니기에 그렇습니다. 그것엔 작품을 구성하는 시대 배경과 수많은 장치와 도구, 미장센까지 필요합니다. 하지만 현세에 검증해 본 결과 그의 작품들에 나오는 당시 이탈리아 각 도시의 상황이나 지명, 풍습, 방언, 음식, 의복, 법령 등이 역사적 사실과 비교해 볼 때 틀리지 않았다고 합니다. 이 정도로 정밀하니까 혹자는 셰익스피어가 생전에 이탈리아를 갔었다고 주장하기도 합니다. 상상만으로는 도저히 그렇게 쓸 수 없다는 것입니다. 17세기 전후 우리 조선의 어떤 작가가 중국이나 일본의 다른 도시들을 배경으로, 다른 왕조의 현지인을 주인공으로 내세운 소설을 무려 10편이나 썼다고 상상해 보십시오.

더구나 셰익스피어가 즐겨 쓴 운문인 소네트도 이탈리아에서 기원했습니다. 과연 진정한 이탈리아 바라기인 그였습니다. 그런데 과거 유럽의 문예인들에게 이탈리아는 그런 나라이긴 했습니다. 고대 로마제국과 근대를 연 르네상스의 유산이 고스란히 남아있는 나라였으니까요. 그래서 독일의 괴테도 가고픈 이탈리아를 여행한 후 1817년 〈이탈리아 기행〉을 썼고, 음악의 화가라 불린 멘델스존도 버킷 리스트였던 그곳을 여행하고 1833년 그의 4번 교향곡인 〈이탈리아〉를 완성했습니다. 하지만 그들과는 달리 이탈리아를 한 번도 안 갔음에도 그 이전인 1600년대

전후 이탈리아를 배경으로 한 작품들을 자유자재로 쓴 셰익스피어는 그저 놀라움 그 자체입니다. 과연 인도와도 바꾸지 않겠다고 한 영국의 최고 보물인 셰익스피어답습니다. 그가 역사상 세계 최고의 작가로 꼽히는 이유일 것입니다. 그는 1564년에 태어나 1616년에 죽었습니다. 아래는 그가 이탈리아를 배경으로 쓴 10편의 희곡입니다. 작품 옆엔 배경이 된 도시입니다.

〈로미오와 줄리엣〉, 베로나 | 〈베로나의 두 신사〉, 베로나, 밀라노
〈말괄량이 길들이기〉, 피사·파도바 | 〈베니스의 상인〉, 베니스
〈오셀로〉, 베니스 | 〈한여름 밤의 꿈〉, 사비오네타
〈끝이 좋으면 다 좋아〉, 피렌체 | 〈헛소동〉, 메시나
〈겨울 이야기〉, 시칠리아 | 〈템페스트〉, 불카노

물론 이 모든 작품들은 영어로 쓰였습니다. 셰익스피어가 이탈리안이 아니고 잉글리시맨이니 당연히 그렇습니다. 그런데 만약 그가 이탈리안이고 위의 작품들을 비롯한 그의 모든 작품들을 이탈리아어로 썼어도 역사적으로, 그리고 오늘날만큼 유명해져 있을까요? 네버, 저는 그렇지 않다고 생각합니다. 이것은 더 멀리 가서 위에서 얘기한 우리 조선의 어떤 작가가 한글로 셰익스피어처럼 많은 훌륭한 작품을 썼어도 세계적으로 유명한

작가가 될 수 없는 것과 마찬가지일 것입니다. 셰익스피어와 비슷한 해에 태어나고 죽은 허균(1569~1618)이 《홍길동전》 말고도 많은 작품을 썼어도 그가 세계적인 작가는 될 수 없다는 것입니다. 그런즉 언어 천재인 셰익스피어의 유명세엔 그의 문력과는 별개로 그의 모국이 영국이고 그가 쓴 언어가 영어라는 것도 한몫을 했습니다.

요람에서 무덤까지, 스트랫퍼드어폰에이번

셰익스피어는 1564년, 길어서 한 번에 읽기도 쓰기도 힘든 스트랫퍼드어폰에이번에서 태어나 1616년 스트랫퍼드어폰에이번에서 죽었습니다. 그의 생사지인 그곳은 말 그대로 에이번 강가에 있는 스트랫퍼드입니다. 잉글랜드의 수도 런던에서 서북쪽으로 150km 정도 떨어진 소도시입니다. 이렇게 태어난 곳과 죽은 곳이 같은 사람은 위인이 아닌 우리와 같은 범인이라도 그렇게 많지는 않을 것입니다. 더구나 셰익스피어는 수도인 런던으로 진출해 생전에 큰 출세를 했음에도 다시 시골인 고향으로 돌아와 말년을 보냈습니다. 그가 태어난 생가(현 셰익스피어 센터)에서 불과 500m밖에 안 되는 곳에 런던에서 번 돈으로 마련한 근사한 새집(현 뉴 플레이스)에서 살다가 죽은 것입니다. 그는 스

셰익스피어가 말년을 보낸 뉴 플레이스 저택. 지금은 터만 남은 채 그의 문장만이 관광객을 맞고 있다.

트랫퍼드의 생가에서 태어나자마자 동네에 있는 홀리 트리니티 교회에 가서 세례를 받았고, 새집에서 죽자마자 똑같이 그 교회에 가서 묻혔습니다. 그 교회엔 당시 발급한 그의 출생증명서와 사망증명서가 지금까지 남아있습니다. 이렇듯 스트랫퍼드엔 셰익스피어의 요람과 무덤이 다 있습니다.

셰익스피어는 학교도 13세에 자퇴할 때까지 그 동네에 있는 문법학교를 다녔습니다. 역시 집에서 가깝습니다. 이 학교 교육은

셰익스피어가 13세까지 다녔던 동네 학교

그가 받은 정규 교육의 전부입니다. 그의 부모도 모두 스트랫퍼드에서 자라서 결혼했고, 그의 아내인 앤 해서웨이도 그곳 사람이며, 그의 자녀들도 모두 그 동네에서 태어나고 살다가 죽었습니다. 생가도, 처가도, 분가한 집도, 자녀들 집도, 학교도, 교회도 모두 한동네에 가까이 있었고 다행히 400년이 지난 지금도 남아있습니다. 하지만 불행히도 그의 세 자녀까지는 후사를 남기고 결혼까지 한 손녀도 있었으나 더 이상 대를 잇지는 못했습니다. 이렇듯 셰익스피어와 스트랫퍼드는 서로 뗴려야 뗄 수 없는 관계를 맺고 있습니다. 마치 그의 작품 제목으로 착각될 정도로 유명세를 가지고 있는 스트랫퍼드어폰에이번입니다.

햄릿은 덴마크의 왕자였고, 카이사르와 안토니우스는 로마제국의 영웅이었으며, 클레오파트라는 이집트의 여왕이었습니다. 이렇듯 셰익스피어는 이탈리아를 배경으로 한 10편의 희곡 이외에도 그 시대에 잉글랜드를 벗어난 작품들을 거침없이 쓴 글로벌한 작가였습니다. 하지만 보듯이 그가 실제로 움직인 공간은 예상보다 작았고, 이동한 거리는 짧았습니다. 스트랫퍼드와 런던이 전부였으니까요. 오늘날 스트랫퍼드는 인구 십만의 도시이지만 그의 생존 당시는 250세대 정도의 작은 마을이었습니다. 아마도 셰익스피어가 그 도시를 키우는 데에 크게 일조했을 것입니다. 살아서도 유명했고 죽어서는 더 유명해진 그였으니 말입니다. 스트랫퍼드는 현재 연간 600만 명 정도의 관광객이 찾는 핫플레이스입니다. 전 세계 셰익스피어주의자들이 찾는 성지가 된 것입니다. 아마도 역사상 작가는 물론 다른 분야의 위인들까지 포함하여 그들의 생가들 중 가장 많은 사람들이 찾는 곳이 셰익스피어의 생가일 것입니다. 공산주의 국가의 독재자 생가는 빼고 말입니다.

자랑스러운 후배 디킨스

하지만 위에서 언급한 대로 그를 잇는 자손이 없던 그였기에, 그리고 과거에 유명했다곤 하지만 현재만큼은 아니었기에 스트랫퍼드에 있는 그의 생가를 비롯한 그의 유산들은 사라질 위기에 처했습니다. 매각을 거치며 주인이 바뀌면서 돈으로 환산되는 일반 부동산이 되어간 것입니다. 그래서 현재 그가 말년을 보냈던 저택인 뉴 플레이스는 터만 남아있습니다. 본채는 헐리고 높은 담으로 둘러친 정원만 남아 관광객들을 맞이하고 있는 것입니다. 그렇게 뉴 플레이스의 본채처럼 사라질 뻔한 셰익스피어의 생가 등이 오늘날처럼 남아있게 된 것은 그가 죽고 200여 년 후인 빅토리아 시대에 들어서 그 가치의 중요성을 인지한 한 후배 작가의 열의에서 비롯되었습니다.

《올리버 트위스트》와《크리스마스 캐럴》로 유명한 찰스 디킨스가 바로 그입니다. 셰익스피어의 생가도 한때 경매에 부쳐지는

찰스 디킨스의 노력이 더해 남아있는 셰익스피어의 생가. 그는 1564년 이 집에서 태어났다.

등 사라질 위기에 처했으나 그가 기금 모금에 앞장서며 그의 생가를 1847년 국가기념관으로 영구 보존케 한 것입니다. 마치 독일에서 자국의 음악 후배인 멘델스존이 바흐의 사라질 뻔한 작품을 발굴하여 그의 가치를 더 높인 것처럼 찰스 디킨스도 그렇게 했습니다. 이런 그의 노력은 그가 죽은 지 6년 후인 1876년 셰익스피어 재단을 발족하게 하였습니다. 오늘날까지 스트랫퍼드에서 셰익스피어 지키기와 띄우기에 앞장서는 단체입니다. 현재 스트랫퍼드의 시민들은 셰익스피어가 남긴 자산과 각종 이벤트로 온 도시가 먹고살고 있을 것입니다. 고리짝 동네 어르신을 잘 둔 덕입니다.

윌 파워 셰익스피어

언급했듯이 셰익스피어가 영국인Englishman이고 영어English로 작품을 썼기 때문에도 더 유명해질 수 있었고, 그 덕에 스트랫퍼드를 찾는 사람들이 그토록 많을 것입니다. 물론 문학에 별로 관심이 없는 사람들도 매력적인 나라 영국의 잉글랜드 중부 에이번 강 가의 고색창연한 아름다운 중세 마을이라서도 그의 고향을 찾고 있을 것입니다. 더구나 셰익스피어는 튜더 왕조의 끝인 엘리자베스 1세와 스튜어트 왕조의 시작인 제임스 1세가 통치했던 시대에 살았습니다. 영국이 스페인의 무적함대를 물리치고 유럽의 헤게모니를 잡고 세계로 뻗어나가던 시기였습니다. 이런 국력 신장 시기에 그것에 걸맞은 문예도 부흥했기에 셰익스피어가 쓴 작품들은 더 큰 빛을 볼 수 있었습니다. 셰익스피어의 이름과 그의 작품들이 유럽은 물론 전 세계로 전파될 수 있었던 것입니다.

셰익스피어는 52년을 살면서 산문인 희곡은 36편, 소네트로 대표되는 운문은 154편을 썼습니다. 그리고 로맨스와 일반 시도 썼습니다. 좌뇌와 우뇌를 모두 작동시킨 그였습니다. 그의 산문들은 허구라고 하지만 공부를 안 하곤 도저히 쓸 수 없는 작품들입

RSC(Royal Shakespeare Company)가 소유한 스트랫퍼드의 로열 셰익스피어 극장. 그의 작품을 전문으로 공연한다.

니다. 위에서 언급된 존, 리처드, 헨리란 이름을 가진 영국의 왕들은 물론 고대 로마와 이집트, 덴마크 등의 역사를 모르고선 쓸 수 없다는 것입니다. 하지만 그의 정규 교육은 13세에서 끝났다고 했습니다. 우리로 치면 초등학교만 나온 것입니다. 런던에 가서도 글만 쓴 것도 아니었습니다. 극단에서 배우로도 활동했고 극장 운영도 했으니까요. 실제 그의 작품 활동 기간도 그가 런던에 진출한 1590년경부터 25년 정도입니다. 작품 내용을 떠나 이런 사실로만 봐도 몇 번을 언급해도 대단한 셰익스피어라 할 것입니다. 이런 초인성 때문에 그가 살던 동네 교회에 엄연한 출생과 사망 신고서가 있음에도 그가 실재한 인물인지에 대한 논란까지 제기되는 것입니다.

그런데 1585년부터 7년간 셰익스피어에 대한 기록은 이상할 정도로 전무합니다. 21세에서 28세까지 그의 한창 젊은 시절은 비어 있습니다. 가족과 호적, 학적, 가산에 관련된 스트랫퍼드에서의 전후 기록은 위에서처럼 매우 선명한데 말입니다. 그가 18세에 결혼을 하고 자녀들을 낳은 후의 기간으로 고향 스트랫퍼드에서 런던으로 무빙한 사이가 비어 있는 것입니다. 그렇게 사라진 그는 20대 후반 어느 날 짠~ 하고 런던에 나타났고 타고난 그의 탤런트로 유명 인사가 된 것입니다. 혹시 셰익스피어는 《셰익스피어의 이탈리아 기행》을 쓴 리처드 폴 로의 주장대로 그 7년 사이 고전의 나라인 이탈리아로 유학을 다녀온 것은 아닐는지요?

잉글리시 라이터와 생가

영국엔 셰익스피어처럼 유명한 생가를 가진 작가들이 유독 많습니다. 세상에 생가가 없는 사람은 없으니 세계 각국의 모든 유명 작가들도 당연히 생가가 있겠지만 유독 영국 작가들의 집은 많은 사람들에게 알려져 있습니다. 실제로 국내 여행사들의 패키지 해외여행 상품 광고를 보아도 영국 여행의 방문지엔 여러 작가의 생가나 머문 집이 주요 코스로 들어있습니다. 셰익스피어의 생가는 필수 코스이고 지역별로는 윌리엄 워즈워드, 제인 오스틴, 브론테 자매, 토마스 하디, 찰스 디킨스 등의 집들도 상품에 보이곤 합니다. 프랑스나 독일 여행 등에선 찾아보기 힘든 상품입니다. 영어의 종주국이니 많은 영문학 작가들이 있어서도 그렇겠지만 그들 역시 셰익스피어처럼 영어 어드밴티지를 갖고 있어서도 그럴 것입니다.

잉글랜드 북부 그래스미어 호숫가엔 도브 코티지라 불리는 낭만주의의 대가 윌리엄 워즈워스의 생가가 있습니다. 그 남쪽으로 요크셔주 하워스엔 브론테 세 자매가 살던 집이 있습니다. 그녀들이 태어난 생가는 그 근처 손턴에 있습니다. 히스꽃이 만발한 하워스는 둘째 에밀리 브론테에게 영감을 주어 《폭풍의 언

하워스에 있는 브론테 세 자매가 살던 집

덕》을 쓰게 한 곳입니다. 현재 그녀들의 손턴 생가는 그곳을 살리려는 시민과 재단의 리뉴얼 노력으로 2025년 리오픈을 하였습니다. 셰익스피어를 살린 찰스 디킨스의 생가는 런던 남부 바닷가의 항구 도시 포츠머스에 있습니다. 생전에 부귀영화를 누린 그였기에 그의 집은 런던에도 있습니다. 포츠머스에서 서쪽으로 멀지 않은 도체스터엔 〈테스〉로 유명한 토마스 하디의 생가가 있습니다. 그 두 도시 사이의 햄프셔주와 윈체스터에는 제인 오스틴의 생가와 무덤이 있습니다. 그녀의 발자취는 그녀가 1801년부터 6년간 살았던 고대 로마의 온천 도시인 바스의 집에서도 찾아볼 수 있습니다. 영국에 산재한 이 모든 작가들의 집이 유명한 관광 코스로 문학 기행을 하는 많은 방문객들이 연간 내내 북적이는 곳입니다.

영연방 Commonwealth of Nations 이라 불리는 국가들이 있습니다. 현재 지구상에 56개 국가들이 영국을 중심으로 이 그룹에 속해있습니다. 대영제국 시절 영국의 식민지였던 국가들 위주로 결성된 국제기구입니다. 대표적으로 1858년부터 1947년까지 89년간 영국의 식민지였던 인도 같은 나라들이 소속되어 있습니다. 특히 그들 중 15개 국가들은 영연방왕국 Commonwealth Realm 으로 여전히 영국의 찰스 3세를 자국의 군주로 섬기고 있습니다. 핍박을 받던 국가들이었는데 그렇게 하고 있는 것입니다. 우리로선 이해가 잘 안 가지만 영연방 국가이든, 왕국이든 가입을 강제한 것이 아님에도 그들은 영국을 중심으로 여전히 끈끈한 관계를 유지하고 있습니다. 물론 그들 중엔 오스트레일리아나 뉴질랜드같이 영국 국민들이 나가서 세운 나라들도 있습니다. 18세기 말 죄수들이 넘쳐 감옥이 모자라 새로 발견한 식민지를 활용했던 것입니다. 이랬든 저랬든 영연방의 가입국들은 영국에서 벗어나 탈퇴하는 것보다는 가입국으로 남아 있는 것이 더 이익이 된다고 생각해 그렇게 하고 있을 것입니다.

영국의 힘입니다. 대영제국은 사라졌어도 한때 세계 최고의 부잣집이었던 그들의 영향력은 여전히 살아있다는 것입니다. 같은 동남아이지만 영국 식민지였던 말레이시아와 싱가포르는 영연방에 속하나 그들에 인접한 베트남과 인도네시아를 식민지로 둔 프랑스와 네덜란드는 영국 같은 연방 협의체를 구성하지 못했습니다. 중남미 대부분의 국가들을 식민지로 두었던 스페인의 경우도 스페인연방이 있는지 모르겠으나 존재감은 제로입니다. 제국주의 국가들 중 영국만이 오늘날까지 그들과 특별한 관계를 유지하고 있는 것입니다. 그래서 혹자는 영국을 가리켜 세계에서 가장 많은 친척을 가진 국가라고도 합니다.

영연방 국가들 중 대부분은 영어를 자국의 공용어로 삼고 있습니다. 제2공용어든, 제3공용어로도 그 나라에선 영어가 통용될 것입니다. 한때 영국의 식민지였던 오늘날 세계 최강 미국은 현재 영연방에 속해있지 않습니다. 그런 미국도 영국의 언어인 영어를 사용하고 있기에 영어는 세계 공용어로서 막강한 언어력을 과시할 수밖에 없습니다. 우리나라의 경우도 공용어가 아님에도 영어에 투입되는 돈은 국가든, 기업이든, 가정이든 가늠하기 힘든 수준입니다. 이렇게 많은 국가의 많은 사람들이 영어를 사용하니 영문학 작품은 어드밴티지가 있을 수밖에 없습니다. 역사상 활자와 인쇄술이 발달한 이후로 영국의 작가들이 더 많은 국가와 더 많은 사람들에게 노출될 기회가 많았다는 것입니다.

그런 배경을 가진 영국에 셰익스피어와 같은 출중한 작가가 탄생했으니 그는 영어라는 날개를 달고 최고의 작가로 비상했습니다. 작가들의 작가, 베스트 오브 베스트가 된 것입니다. 잉글랜드 중부 에이번강 가의 조그만 마을 스트랫퍼드에서 태어나서 죽었고, 외지는 런던만 나갔으며, 해외는 한 나라도 가본 적이 없던 그였지만 경계선이 없는 문학계에선 전 세계의 독보적인 왕으로 올라섰습니다. 과연 윌 파워 Will Power 라 불리는 윌리엄 셰익스피어의 힘입니다.

글에서 셰익스피어의 이탈리아 관련 내용은 미국인 변호사 리처드 폴 로가 쓴 《셰익스피어의 이탈리아 기행》을 인용했습니다.

가장 오래된 초대

세인트앤드루스 올드코스

세상에서 성지를 표방하는 곳은 많이 있지만 골프만큼 독보적인 성지를 가진 곳은 드물 것입니다. 그곳은 그 이름부터가 성인을 뜻하는 골프장이기 때문입니다. 스코틀랜드의 세인트앤드루스 올드코스입니다.

역시 또 이름에도 들어있듯이 세계에서 가장 오래 된 골프장으로 골프의 탄생지입니다. 그리고 골프 룰의 탄생지이기도 합니

다. 영국인데다가 오래되기도 했으니 가장 보수적일 수밖에 없
지만 막상 가서 본 그 골프장은 그러면서도 매우 진보적인 골프
장이었습니다. 누가 쓰든 골프 역사책의 첫 페이지에 나오는 세
인트앤드루스 올드코스에 대해 알아봅니다.

가장 비싼, 가장 좋은, 가장 오랜

10여 년 전 우리나라 남해에 있는 어떤 골프장이 개장할 때 제
귀를 의심한 뉴스가 하나 들렸습니다. 그 골프장 그린피가 30만
원대 중반이라는 것이었습니다. 주말과 휴일 요금이 36만원이
었던 것으로 기억됩니다. 당시 수도권 최상위 프리미엄 골프장
그린피가 20만 원대 중후반 하던 시절에 그 골프장은 무려 10만
원을 더 책정하며 오픈한 것입니다. 더구나 그 골프장은 퍼블릭
인데 말입니다. 물론 퍼블릭과 프라이빗은 운영 방식의 차이이
지 고급과 저급으로 구분되는 것이 아님에도 우리나라에선 후
자 쪽으로만 인식되던 시절이었습니다. 퍼블릭 골프장 중엔 고
급이 없어서도 그랬지만 그 인식은 그 골프장을 비롯하여 프리
미엄급 퍼블릭이 몇 개 생겨난 지금도 거의 그렇게 인식되고 있
습니다. 당시 저는 그 골프장의 초고가 정책을 후발주자이기에
단숨에 소비자인 골퍼들에게 그 이름을 각인시키려는 의도로

해석하였습니다. 물론 그만한 품질을 보장한다는 의미도 있겠지만 상상을 넘어선 가격을 책정한 것엔 마케팅적으로 그 이상의 노림수가 있다는 것이었습니다.

골퍼들에게 "우리나라에서 가장 좋은 골프장이 어디입니까?"라고 물으면 여러 골프장이 나올 것입니다. 사람마다 보는 눈과 취향이 다르니 한 골프장으로 몰아지지 않는다는 것입니다. 그런데 "우리나라에서 그린피가 가장 비싼 골프장이 어디입니까?"라고 물으면 대답은 하나로 모아질 것입니다. 위의 골프장이 개장하기 전엔 여러 특급 골프장들이 설왕설래 되었겠지만 위의 골프장이 출현하면서 그 답은 하나가 되었을 것입니다. 그것은 숫자로 입증되는 사실이니까요. 그렇게 그 골프장은 단기간에 그의 이름과 존재를 알리는 데에 성공하였습니다. 희소성이 최고라는 경제의 원칙을 희소한 가격을 통해서 실현한 것입니다.

그런데 기존 경쟁자이든, 또는 신규 진입자이든 누군가 그 가격보다 비싼 가격을 책정하면 그 기록은 깨지게 됩니다. 1등의 자리가 바뀐다는 것입니다. 가격은 고정불변할 수 없기에 그렇습니다. 실제로 그 골프장으로 인해 자존심이 상했는지 이후 동급의 프리미엄 골프장들은 그린피를 그 골프장과 비슷하게 30만

원대 중반으로 모두 인상을 하였습니다. 그러자 그 골프장은 얼마 전부터 그 가격에 또 10만 원을 인상해 지금은 40만 원대 중반의 그린피를 받고 있습니다. 그랬더니 또 역시나 예상대로 다른 특급 골프장들도 지금 그 가격대로 가고 있습니다. 그 골프장들의 영업 상황은 모르겠으나 그로 인해 또 새로운 가격군이 형성된 것입니다. 이 글은 그 골프장에 대한 비난 글이 아닙니다. 가격도 정책이기에 공급자가 제시한 가격을 수요자가 받으면 시장은 제대로 돌아가는 것이니까요. 물론 독점의 상품이나 국민의 절대다수가 소비하는 대중적인 상품, 공익적인 상품의 가격이라면 그것엔 감시 기능도 작동해야 할 것입니다.

이렇듯 경쟁 대비 우위로 가는 데엔 여러 가지 방법이 동원됩니다. 위의 가격을 비롯해 세상을 놀라게 하는, 또는 기존엔 보지 못했던 특별한 제품력을 통해서도 독보적으로 우월한 위치에 설 수 있습니다. 그렇게 리더는 바뀌는 것입니다. 하지만 어떻게 해도 절대 자리바꿈할 수 없는 한 가지가 있습니다. 그것은 바로 역사성입니다. 이번엔 골퍼들에게 "세계에서 가장 오래된 골프장은 어디입니까?"라고 묻습니다. 그러면 누가 무어라 하든 그 답은 결국 하나로 모아질 것입니다. 아니 처음부터 하나로 모아질 가능성이 큽니다.

가장 오래된 골프장의 불변성

가장 오래됐다는 것은 그 사실만으로도 매우 높은 가치를 지닌 브랜드의 자산입니다. 희소성으로 치면 고정불변하고 유일무이하니 그보다 더 큰 가치는 찾아보기 힘듭니다. 위의 골프장의 예에서 본 엎치락뒤치락이 가능한 가격과는 다르다는 것입니다. 그래서 그것은 광고의 소재로도 종종 등장하곤 합니다. 여행 가방의 선구자인 프랑스의 루이뷔통, 시계의 선구자인 스위스의 바쉐론 콘스탄틴, 천연 화장품의 선구자인 이탈리아의 산타마리아노벨라가 바로 그런 브랜드들입니다. 이렇듯 가장 오래됐다는 것은 어떤 분야의 선구자이기에 개척한 그 정신과 투입된 노력까지 인정되어야 할 것입니다. 그리고 시간이 흐를수록 그 브랜드엔 필연적으로 역사성이란 자산이 쌓일 것입니다. 그것은 전통으로 누적되고 유산으로 남는 것이기에 결코 돈으로는 만들 수 없는 것들입니다.

세계에서 가장 오래된 골프장, 그 문제의 답은 이 글 제목에 올라와있는 세인트앤드루스 올드코스입니다. 골프를 치는 골퍼들이라면, 그리고 골퍼가 아니더라도 골프에 관심이 있는 사람이라면 그 답은 거의 모두 알고 있을 것입니다. 이름에서 보듯이

세계에서 가장 오래된 골프장인 세인트앤드루스 올드코스의 1번 홀 티박스

영국의, 스코틀랜드의, 세인트앤드루스에 있는 골프장입니다.
그 도시는 스코틀랜드에서 가장 오래된 동명의 명문 대학으로
도 유명합니다. 15세기경 그곳에서 골프가 시작되었습니다. 바
다와 붙은 그 지역의 사시사철 푸른 초장으로 인해 한가해진 목
동들이 심심풀이로 골프를 시작했다는 전설 같은 기원이 유력
한 정설로 내려오고 있습니다. 그렇게 시작된 골프는 스코틀랜
드 전역으로 퍼져 나갔습니다. 1575년 의회가 군사훈련을 게을

세인트앤드루스 올드코스 1번 홀 뒤 세계 골프의 본산 R&A 하우스

리하는 군인들에게 골프금지령을 내릴 정도로 말입니다. 재미 있으니 그랬을 것입니다.

룰 메이커의 등장

지역 스포츠였던 골프는 1707년 스코틀랜드가 잉글랜드와 통합되며 그레이트브리튼 전역의 스포츠로 성장을 하였습니다.

목동과 군인뿐만 아니라 귀족까지 재미를 붙이니 영국 전역에서 유행한 것입니다. 그러면서 주도권이 잉글랜드로 넘어갔습니다. 이윽고 1754년 22명의 골프를 사랑하는 귀족들이 세인트앤드루스 올드코스에서 모여 골프 클럽을 발족시켰습니다. 정식으로 골프장을 오픈한 것입니다. 그 클럽에 1834년 국왕인 윌리엄 4세가 로열이라는 칭호를 내림으로서 그곳은 R&A_{Royal and Ancient Golf Club}가 되었습니다. 골프를 정식 스포츠로 만든 영국 골프의 본산이자 세계 골프의 본산이 된 것입니다. 이런 룰 메이커의 등장으로 우리의 고스톱 화투 놀이처럼 지역마다 중구난방으로 치던 골프의 규칙은 하나로 통일되었습니다. 그리고 권위 있는 R&A가 세인트앤드루스 올드코스에 생김으로서 그 골프장의 전통과 유산은 더욱 확고해졌습니다. 이 R&A엔 현재(2025) 6명의 우리나라 사람들도 정회원으로 가입되어 있습니다. 우리도 골프 강국이니 가능해진 일일 것입니다.

그렇게 영국에서 유행한 골프는 신대륙인 미국으로 건너가며 비약적으로 발전하였습니다. 오늘날 미국은 전 세계에 있는 3만 2천여 개의 골프장 중 절반이 있을 정도로 골프 최강국입니다. 그런데 이상하게 미국은 영국에서 건너간 다른 스포츠들은 그대로 따라 하면 자존심이 상했는지 변형을 가해 새로운 스포츠

로 만들며 종주국이 되었는데 골프는 그대로 가져갔습니다. 미
국 최고의 인기 스포츠인 미식축구는 영국의 럭비와 축구를 결
합해 변형한 것이고, 야구는 크리켓을 참고했지만 골프는 게임
방식을 바꾸기가 마땅치 않았나 봅니다. 그래도 골프에 대한 미
국의 영향력은 지대해 USGA United States Golf Association를 출범시켜 영
국의 R&A와 함께 세계 골프의 양대 산맥을 이루고 있습니다.

세인트앤드루스 올드코스와 디 오픈

2024년 8월 LPGA의 메이저 대회인 AIG 위민스 오픈 AIG Women's
Open이 열렸습니다. 당시 그 경기가 열리는지도 몰랐던 저는 우
리나라의 신지애 선수가 3라운드를 선두로 끝냈다는 뉴스를 보
고 관심이 급상승하여 마지막인 4라운드는 처음부터 눈에 불을
켜고 TV 중계방송을 보았습니다. 그런데 일요일 밤 TV를 켜자
마자 저는 깜짝 놀랐습니다. 그 대회가 세인트앤드루스 올드코
스에서 열리고 있기 때문이었습니다. 그것이 그렇게 놀랄 일까
지는 아니지만 불과 한 달 전인 7월 말 제가 영국을 방문했고,
그때 그 골프장도 갔었다면 이야기는 달라집니다. 아직도 기억
이 생생한 가운데 제 눈에 익숙한 그 코스와 주변의 풍경들이
TV를 통해 보였습니다. 코스를 알고 중계방송을 보는 것과 그

세인트앤드루스 올드코스 호텔 로비에 전시된 역대 디 오픈 우승자들. 타이거 우즈는 2000년, 2005년, 2006년 3회 우승했다.

렇지 않은 것의 재미와 감흥은 다릅니다. 하물며 그곳이 골프의 성지라고 하는 세인트앤드루스 올드코스라면 재미와 감흥은 더욱 다를 것입니다.

그 중계를 보기 전까진 세인트앤드루스 올드코스에서의 경기는 2030년이 돼서야 볼 수 있을 것이라 생각했습니다. 남자 대회로 R&A가 주관하는 PGA투어의 메이저 게임인 디 오픈The Open을 통해서 말입니다. 디 오픈은 브리티시 오픈British Open의 다른 이름입니다. 골프는 물론 모든 스포츠를 통틀어 세계에서 가장 오래된 대회이기에 정관사 The를 주최 측이 붙인 것에 대해 아무도시비를 걸지 않는 큰 대회입니다. 그렇게 가장 오래된 대회이기에 가장 오래된 세인트앤드루스 올드코스에서의 경기는 더 공을 들이는지 해마다 열리지 않고 5년마다 그 코스에서 열립니다. 그것도 끝자리 0년과 5년에 열립니다. 전통을 좋아하는 영국인들이 그런 전통을 만든 것입니다.

그래서 디 오픈은 2025년 세인트앤드루스 올드코스에서 열려야 하지만 이번엔 예외적으로 그렇지 않았습니다. 디 오픈이 역사적인 150회를 맞이한 2022년에 원칙을 깨고 그곳에서 열렸기 때문입니다. 150주년 이벤트를 다른 골프장에서 할 수 없기에 특별하게 그곳에서 한 것입니다. 전통이 무엇이고 유산이 무엇인지 참으로 까다로운 잉글리시맨입니다. 그래서 세인트앤드루스 올드코스에서 디 오픈을 보려면 2030년까지 기다려야 합니다. 그렇게 된다고 해서 저야 안타까울 것이 하나도 없지만 프로 골퍼들은 답답할 것입니다. 그들에게도 골프의 성지인 그곳에서 경기하는 것이 꿈이기도 한데 2030년이 되기까지 늙거나 녹슬지 않고 기다려야 하니 말입니다.

그런데 전혀 기대하지 않았던 세인트앤드루스 올드코스에서의 경기를 보게 된 것입니다. 그래서 더욱 반가운 마음으로 신지애

세인트앤드루스 올드코스의 18번 홀 그린. 뒤로 1번 홀 티박스가 보인다.

선수를 밤잠 설치며 열심히 응원했지만 아쉽게도 그녀는 준우
승에 머물렀습니다. 그곳에서 우승을 했다면 그녀도 더 좋았겠
지만 그래도 놀라운 성적을 거둔 그녀에게 축하를 보냅니다. 세
계에서 가장 큰 대회에서 2등을 했으니 말입니다. 그런 그녀 덕
에 전 이렇게 2024년 7월 영국 방문 후 쓰고 있는 영국에 대한
인문교양 에세이 중 계획에 없던 세인트앤드루스 올드코스에
대한 글을 쓰게 된 것입니다. 사실 그곳에 가선 더 많이 놀랐기
때문에 쓸까말까 고민 중이긴 했습니다.

경계선, 울타리가 없는 골프장

세인트앤드루스 올드코스는 TV 화면에서도 보이듯 한마디로 뻥 뚫려 있습니다. 시원하게 한눈에 다 들어온다는 것입니다. 아마 눈이 좋은 몽고 사람은 18홀 전 홀을 한눈에 다 볼 수 있을지도 모릅니다. 그만큼 여타 골프장과는 달리 모든 코스를 숨김없이, 가림없이 다 노출하고 있는 골프장입니다. 출발하는 1번 홀만 보더라도 그 홀은 마지막 홀인 18번 홀과 티박스, 페어웨이, 그린이 서로 반대 방향으로 착 붙어있는데 두 홀은 서로 구분이 안 갈 정도로 홀과 홀 사이엔 경계선 표식이나 울타리가 없습니다. 그 흔한 나무 한 그루도 심어놓지 않아 경계가 불분명한 것입니다. 그래서 골퍼가 친 공은 방향에 따라 옆 홀의 페어웨이로 향하기도 합니다. 심지어 그런 무無 경계선은 페어웨이와 깃대가 꽂혀있는 그린도 마찬가지입니다. 어디부터가 그린의 시작인지 정확히 파악하기가 어렵다는 것입니다.

그런데 그런 경계선은 골프장 안과 밖 사이도 마찬가지입니다. 울타리가 없어 안팎의 구분이 가지 않는다는 것입니다. 그나마 하나 있는 울타리도 성인이라면 충분히 넘을 수 있는 얕은 돌담 정도만이 고색창연한 건물들이 있는 18번 홀 밖에만 있습니

울타리가 없는 골프장 세인트앤드루스 올드코스

다. 그곳만 지나면 일반인의 보행로와 골프장 사이엔 아무 경계
가 없습니다. 걷다가 한 발자국만 옮기면 골프장 안으로 들어갈
수 있는 것입니다. 그리고 실제로 그렇게 골프장 안으로 들어가
기도 합니다. 골퍼들이 게임 중임에도 그런 깜짝 입장이 가능하
단 것입니다. 물론 대회 중이 아닌 평상시 일반 골퍼들이 플레이
를 즐길 때 그들을 방해하지 않는 범위 내에서 입장이 허용됩니
다. 그렇게 일반 방문객들은 골프를 치지 않음에도 코스에 들어

가서 페어웨이를 걷기도 하고 사진도 찍습니다. 자와 저의 일행
이 그랬듯이 말입니다.

성지의 종착지 스월컨 브리지

18번 홀엔 스월컨이라 불리는 작은 아치형 돌다리 Swilcan Bridge 가
있습니다. 세인트앤드루스 올드코스의 상징과도 같은 오래된
다리입니다. 그 다리는 디 오픈 경기가 열릴 때 타이거 우즈도
건넜고, 잭 니클라우스도 건넜으며, 아널드 파머도 건넌 곳입니
다. 대개 프로 골퍼들은 그 다리를 건너며 환호하는 갤러리에게
모자를 벗고 인사를 건네곤 합니다. 긴 여정 끝에 마지막 홀인
18번 홀에 도달함을 알리는 인사입니다.

2024년 AIG 위민스 오픈 우승자인 뉴질랜드의 리디아 고는 우
승컵을 안고 그 다리에서 앉아서 찍은 사진을 공개했습니다. 올
림픽 금메달에 이은 스월컨의 우승컵은 그녀 골프 인생의 골든
에이지를 보여주는 상징처럼 보였습니다. 반면에 그 대회를 끝
으로 은퇴를 선언한 미국의 렉시 톰슨은 18번 홀에서 스월컨 브
리지를 건너며 눈물을 짓는 모습이 TV 중계 카메라에 잡혔습니
다. 그녀의 지나간 프로 골프 인생이 주마등처럼 스쳐갔을 것입

일반인도 출입 가능한 세인트앤드루스 올드코스의 심벌 스윌컨 브리지

니다. 그리고 다시는 그 다리를 못 건넌다는 아쉬움도 커서 그랬을 것입니다. 아마 TV 화면엔 안 잡혔지만 역시 이 대회를 마지막으로 은퇴를 선언한 우리나라 김인경 선수도 그 다리를 건너면서 눈가를 흐렸을 것입니다.

그렇게 유명 프로 골퍼들이 감회에 젖으며 건넌 스윌컨 브리지는 일반 관광객도 건너갈 수 있습니다. 핫스폿인 그곳에 올라가 기념 촬영을 하는 것입니다. 마치 성지의 종착지에 다다른 것을 인증하듯이 말입니다. 과거 그 다리는 목동과 함께 양들도 건너갔습니다. 1754년 그 골프장을 정식으로 오픈하며 목초지에 있던 그 다리가 코스 안으로 들어온 것입니다. 이렇듯 세인트앤드루스 올드코스는 홀과 홀 사이, 홀과 그린 사이, 홀과 외부 사이에 아무 경계선이 없습니다. 다 오픈되어 있는 것입니다. 그리고 누구나 그렇게 아무렇지 않게 골프장 안에 들어가 걸어도, 사진을 찍어도 그것을 제지하는 마샬도 찾아볼 수 없습니다. 세계에서 가장 오래된 골프장이고, 코스의 퀄리티로도 세계 다섯 손가락 안에 드는 최고 명문임에도 골퍼든 관광객에게 아무 제재가 없다는 것입니다. 마치 그곳 잔디를 밟기 위해 전 세계에서 성지 순례를 온 순례자들에게 아낌없이 성지를 개방하는 것처럼 보였습니다. 대회는 그토록 까다로운 원칙 하에 개최하면서 말입니다.

문이 없는 개방적인 골프장

또 하나 그 골프장은 특이하게도 일요일엔 쉽니다. 쉰다고 문을 걸어 잠그는 것은 아닙니다. 걸어 잠글 문도, 담도 없으니까

올드코스 호텔에서 바라본 17번, 18번 홀과 세인트앤드루스 시내 전경. 사진 중앙에 스윌컨 브리지도 보인다.

요. 대신 일요일은 그 골프장을 온전하게 개방하는 날입니다. 골프장이 위치한 세인트앤드루스 시민과 방문객에게 공원의 역할로 쉼터를 제공하는 것입니다. 일요일이면 더 많은 골퍼들이 몰려와 많은 수입을 올릴 수 있을 텐데 그것을 포기하는 것입니다. 그러니 그간 골프장을 다녀본 저로선 놀랄 수밖에 없었습니다. 다음날 이른 새벽에 일찍 일어나 창밖을 보니 어디선가 까맣게 나타난 코스 관리자들이 전날 망가진 코스를 분주하게 보수하고 있었습니다. 그날 플레이를 하는 새로운 골퍼와 그곳을 방문하는 새로운 관광객에게 완벽한 모습을 보여주기 위함일 것입니다.

영국과 골프의 쌍벽인 미국을 대표하는 골프장으로 PGA투어의 메이저 대회인 마스터스가 열리는 조지아주의 내셔널 오거스타 골프장이 있습니다. 그곳은 세인트앤드루스 올드코스와는 반대로 프라이빗 골프장의 정석을 보여주고 있는 곳입니다. 코스도 자연과 야생 그대로인 영국식 골프장과는 달리 인공적인 아름다움이 화려하게 펼쳐져 홀마다 경탄을 자아내게 합니다. 그 골프장은 한마디로 회원을 제외하곤 철벽이 쳐있는 가장 폐쇄적인 골프장입니다. 대회 때 갤러리로 입장하지 않는 한 일반인은 절대 들어갈 수 없습니다. 그 갤러리도 돈이 있다고 표를 살 수 있는 것도 아닙니다. 게다가 플레이를 위해 회원의 게스트로 초청을 받아도 회원이 없이는 게이트를 통과할 수 없다고 합니다. 회원과 함께 오거나, 따로 오더라도 회원이 나와서 에스코트를 해야 입장이 허용될 정도로 출입 문턱이 매우 높은 골프장입니다. 그래서 최고 명문을 지향하는 우리나라 프리미엄 골프장들이 너도나도 닮고자 하는 골프장입니다. 물론 프라이빗이니 회원들의 사생활 보호를 위해서도 그렇게 폐쇄적으로 운영해야 할 것입니다.

2007년 세인트앤드루스 올드코스는 기존에 없던 파격적인 결정을 내렸습니다. 그곳에서 여자 대회를 열기로 한 것입니다. 그

전까지 남자 대회인 디 오픈은 150회를 오면서 빈번하게 열렸지만 여자 대회는 없었습니다. 그것은 역사적으로 명문 골프장일수록 여자를 멀리하고 출입까지 금지시킨 것에서 기원할 것입니다. 그들에게 골프장은 젠틀맨 클럽으로 금녀의 공간이었으니까요. 그것의 대표 주자였던 올드코스가 변하여 여자 대회를 열겠다고 한 것입니다. 그 결정으로 인해 신지애 선수가 출전한 2024년 AIG 위민스 오픈도 열리게 된 것입니다. 처음엔 대회명이 위민스 브리티시 오픈이었습니다. 위에서 소개한 미국의 내셔널 오거스타 골프장도 최근인 2018년부터 내셔널 오거스타 여자 아마추어 골프대회를 열고 있습니다. 하지만 그곳은 진정한 기량을 겨루는 여자 프로 대회는 열 계획이 없다고 분명한 선을 긋고 있습니다.

통상 올드한 것은 본래 있는 것을 유지하려는 관성을 가지고 있습니다. 오래될수록 더 그렇습니다. 그것이 익숙하고 그곳엔 기득권이 형성되어서도 그렇습니다. 그래서 변화가 어렵고 폐쇄적이고 보수화되어 가는 것입니다. 하지만 세인트앤드루스 올드코스는 가장 올드함에도 시원하게 뚫려있는 그 코스의 전경만큼이나 개방적입니다. 누구에게나 열려있고 시대에 맞춰 새로운 것을 받아들이는 오픈마인드를 가지고 있다는 것입니다.

물론 장구한 세월 속에 쌓아온 그 전통과 유산을 고스란히 유지하면서 말입니다. 이것은 세인트앤드루스 올드코스가 퍼블릭이라서 그렇게 하고 있을 것이다라는 것만으로는 설명력이 부족해 보입니다. 골프의 본산으로서, 골프의 성지로서 진정한 골프의 정신을 실현하고 있는 것으로 보입니다. 세계에서 가장 오래된 골프장이지만 가장 진보적인 골프장 세인트앤드루스 올드코스입니다.

세인트앤드루스의 앤드루는 예수 그리스도의 12제자 중 수제자인 베드로의 동생인 안드레의 영어 이름입니다. 이곳에 그의 유골의 일부가 있다고 해서 세인트앤드루스 도시로 발전했습니다. 동명의 스코틀랜드 최고의 명문 대학이 있는 도시입니다, 그는 순교 시 스승인 예수와 똑같이 죽을 수 없다며 거꾸로 매달려 순교한 그의 형과는 달리 ×자형 십자가에 매달려 죽었습니다. 스코틀랜드가 고대에 전쟁 중 그의 십자가가 파란 하늘에 구름 형태로 나타나면서 폐색이 짙던 전투에 승리를 거두면서 그 문양은 국기가 되었고 그는 스코틀랜드의 수호성인이 되었습니다. 이 책의 '십자가의 퍼즐'에 자세한 내용이 나옵니다.

TAKEOUT 영국·GB·UK

초판 1쇄 인쇄	2026년 1월 8일
초판 1쇄 발행	2026년 1월 15일
지은이	하광용
펴낸이	정해종
펴낸곳	(주)파람북
출판등록	2018년 4월 30일 제2018-000126호
주소	경기도 회동길 480 아트팩토리엔제이에프 B동 222호
전자우편	info@parambook.co.kr
인스타그램	@param.book
페이스북	www.facebook.com/parambook/
대표전화	031-935-4049
편집	현종희
디자인	이승욱
ISBN	979-11-7274-075-7 03920